AF250432

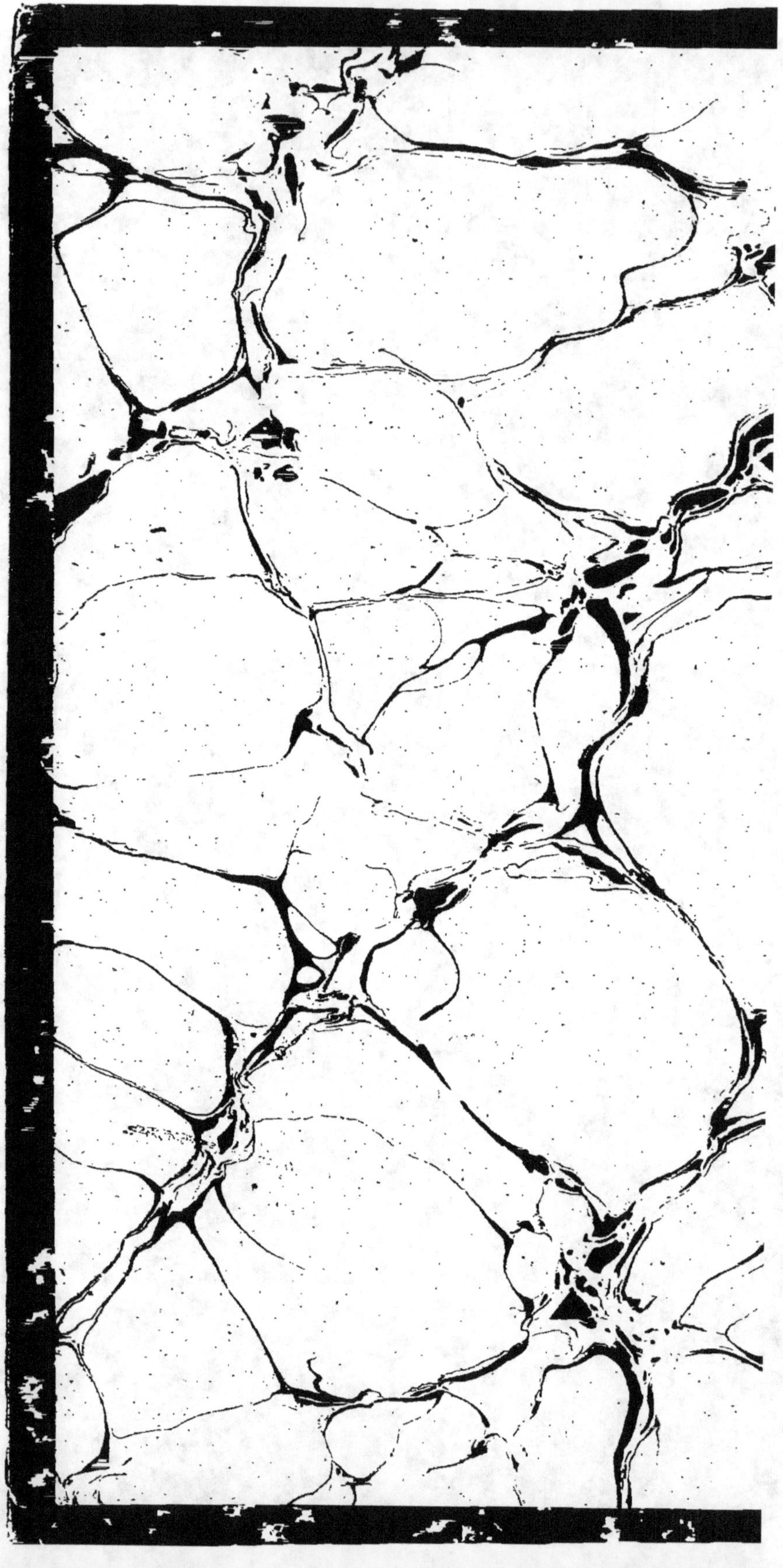

J. G. VANDERHEYM

UNE EXPÉDITION

AVEC

LE NÉGOUS MÉNÉLIK

(VINGT MOIS EN ABYSSINIE)

UNE EXPÉDITION

AVEC

LE NÉGOUS MÉNÉLIK

L'EMPEREUR, L'IMPÉRATRICE ET SA SUITE.

J.-G. VANDERHEYM

UNE EXPÉDITION

AVEC

LE NÉGOUS MÉNÉLIK

VINGT MOIS EN ABYSSINIE

OUVRAGE CONTENANT
SOIXANTE-HUIT ILLUSTRATIONS
D'après les photographies de l'Auteur.

PARIS

LIBRAIRIE HACHETTE ET Cie

79, BOULEVARD SAINT-GERMAIN, 79

1896

A MA MÈRE,

J.-G. Vanderheym.

Cher Monsieur,

Votre livre arrive à son heure et au moment où, on peut le dire sans exagération, le monde entier a les yeux tournés sur ce coin de terre que Ménélik emplit de ses hauts faits. Vous avez eu l'étrange bonne fortune, que pour un peu vous auriez payée cher, de voir de près, d'étudier ce personnage quasi légendaire, entouré d'une sorte d'auréole rouge, et vous en avez tracé un portrait que l'histoire devra consulter. Ce qui me plaît dans votre témoignage, c'est sa précision. Votre plume a la netteté, le relief, la sincérité des instantanés qu'a pu prendre votre détective photographique. Le Négous est là vivant, agissant, attirant — et terrible.

Je lisais, il y a quelques jours, un article du Correspondant où Ménélik est présenté sous un aspect plus brillant, et je me figurais ce héros — car c'est un héros — sous des traits plus sympathiques. Il y a du prophète en lui, du mystique et aussi de l'homme moderne. Il croit à l'intervention de Dieu dans ses batailles et (vous l'avez dit) aux vertus de l'iodoforme après la tuerie. Vous le montrez surveillant des expériences de dynamite, et l'on nous apprend qu'il vient de commander, à son effigie, des timbres-poste tout comme un ministre des télégraphes de notre République. Il est chrétien, il déplore le sang que les Italiens, dit-il, le contraignent à verser, et dans cette expédition contre les Oualamos, à laquelle vous avez assisté, il semble prendre plaisir à loger les balles de son winchester dans de l'humaine chair noire.

Vous pouvez, cher Monsieur, vous vanter d'avoir vu là d'horribles et stupéfiants spectacles. Il me semble, en vous lisant, entendre les soldats du roi d'Ethiopie hurler leur sinistre chant de guerre :

> Chantez, vautours!
> Vous aurez en pâture
> De la chair d'homme!

Quand je pense que les bataillons du malheureux Baratieri ont entendu cet hymne du massacre, je songe à tous ces deuils des mères italiennes dont les lances abyssines ont ué, dont les armes recourbées ont tailladé les fils. L'Afrique noire aura bu bien du sang européen avant qu'elle nous ait livré son secret. Je sais que tout pas en avant s'achète par de tels sacrifices et que le progrès est une plante qui plonge ses racines dans un lugubre humus nourri de cadavres. Ne pourrait-on rêver des conquêtes sans égorgements?

L'Italie, héroïquement, donne ses enfants pour une idée. La France a donné de même les siens. Nous avons tous ressenti une impression de pitié lorsque nous avons appris le désastre que les soldats de race latine avaient subi. Nous nous rappelions pourtant qu'à l'heure de nos défaites ce Ménélik, dont vous avez été l'hôte, apprenant qu'on exigeait de nous une rançon de guerre, offrait, par un mouvement généreux et d'une naïveté touchante, une partie de son trésor pour payer cette dette, pour « racheter », comme il disait, la France.

Cet homme n'a rien de vulgaire. Il se dresse au milieu de nos débilités d'intellectuels ou de nos subtilités de politiciens, comme une incarnation brutale et pourtant imposante du patriotisme et de la résistance à l'étranger. Il y a du Théodoros en lui, avec plus de grandeur d'âme. Il n'a pas la poésie hautaine à la fois et mélancolique d'un Abd-el-Kader, mais il en a l'énergie et, dans l'attaque et la tactique, le génie. Il ne fait pas bon le voir apparaître dans la fumée rouge du combat, et il semble alors une sorte de démon noir, mais c'est le démon de la patrie. Il défend aux mortels venus de loin d'approcher des tombeaux de ses pères.

Et ceux-là sont braves et marchent au devoir, sous le drapeau aux trois couleurs qui flotta tout près de notre tricolore; ils ont quitté leurs fermes lombardes, leurs vignes napolitaines, leurs lagunes vénitiennes, leurs villages aux toits rouges, leur terre natale, pleine de soleil et de chansons, et ils se heurtent aux vainqueurs des Oualamos, aux remington et aux zagaies du Négous. Je crois bien que personne mieux que vous n'aura fait comprendre la gravité de la situation et les efforts de la vaillante armée italienne. Ce sont de terribles adversaires que les Choans et vous avez vu à l'œuvre et au carnage les vainqueurs du combat d'Adoua.

En tout autre moment, la lecture de vos souvenirs de voyage eût offert un intérêt profond à *ceux qui, du fond de leur fauteuil, prennent plaisir à se rendre compte de la vaste vie universelle. Mais, aujourd'hui, comme à la lueur de ces combats, le récit de votre expédition acquiert un caractère tout à fait captivant. Je ne doute pas du succès que va obtenir votre déposition si importante dans ce grand procès engagé entre les Européens et les Abyssins et qui se plaide à coups de canon. Parisien de Paris, vous apportez sur l'Abyssinie des détails très nouveaux, et votre livre, plus actuel que le remarquable ouvrage de M. d'Abbadie, sera certainement un de ceux qu'en Italie et en France et peut-être, là-bas, à Addis-Ababa — où le Négous se fait apporter les coupures de journaux et les articles des reporters, — on lira avec le plus d'empressement.*

Je suis heureux d'avoir, le premier, jeté les yeux sur ces pages, très sincères, et je vous remercie cordialement du plaisir, ou plutôt de l'émotion, que je vous dois et que le public va partager.

Cordialement à vous,

JULES CLARETIE,
de l'Académie française.

10 mars 1896.

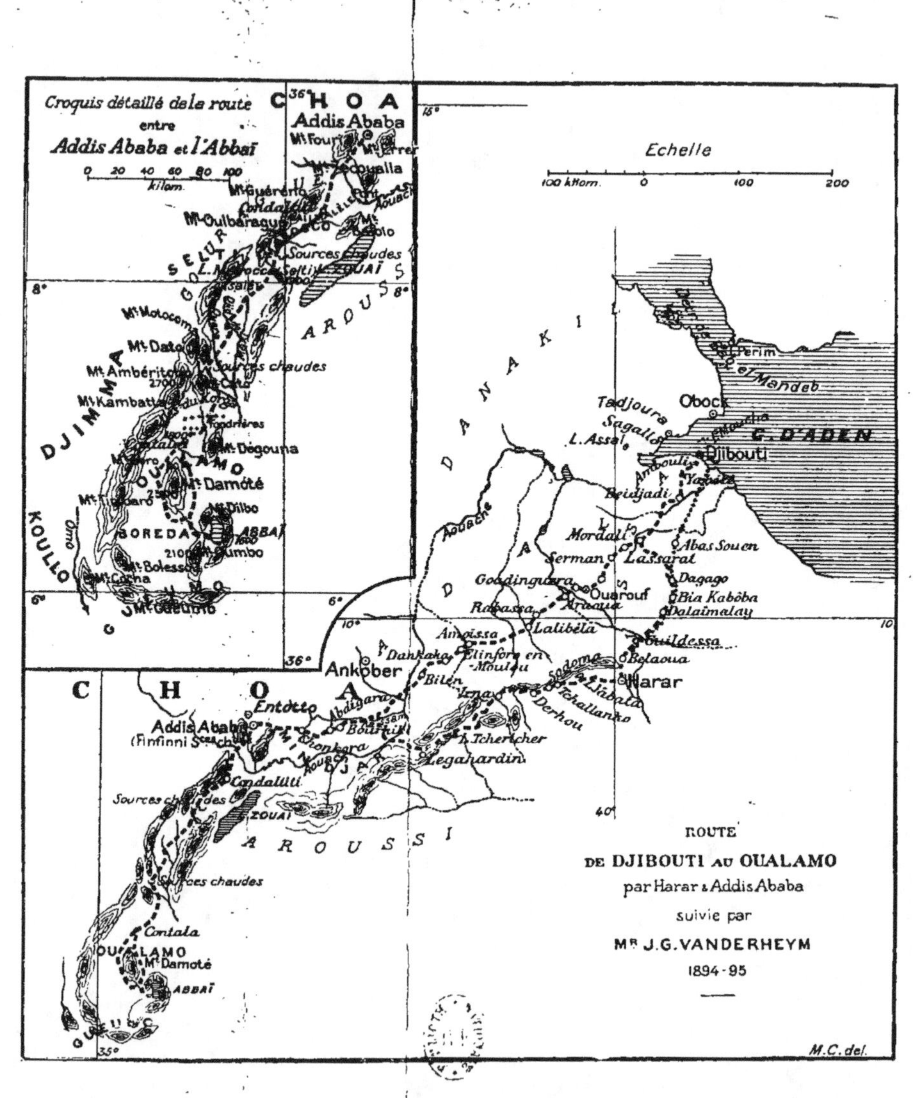

Croquis détaillé de la route
entre
Addis Ababa et l'Abbaï
0 20 40 60 80 100
kilom.
CHOA
Addis Ababa
Mt Four
Mt Errer
Mt Zeouallla
Mt Guérérou
Ondalité
Mt Oulbaragué
Colo
Mt Molo
Sources chaudes
L. Mèrocca
Sellt
ZOUAÏ
Mt Motocom
Mt Dato
Mt Ambérito
Sources chaudes
2700
Mt Kambatta
Cato
Foudrières
Mt Dégouna
Mt Damoté
Mt Dilbo
DJIMMA
GOUDROU
OUALAMO
Mt Bolesse
Mt Corna
BOREDA
ABBAÏ
2100
Oumbo
KOULLO
Omo
Mt Odeubib
SELTIL
AROUSSI
36°
15°
8°
8°
6°
6°
36°
35°
Echelle
100 kilom.   0   100   200
DANAKIL
Perim
el Mandeb
Tadjoura
Sagallo
Obock
L. Assal
G. D'ADEN
Amboulis
Djibouti
Yaoulé
Aouache
Beidjadi
Mordali
Abas Souen
Serman
Lassarat
Goudinguara
Dagago
Ouarouf
Bia Kabôba
Rabassa
Araoua
Dalaimalay
Amoissa
Lalibéla
Guildessa
Dankako
Elinforn en
Belaoua
Moulou
Irna
Harar
Bilen
Djata
Derhou
Tchallanko
Mt Tchercher
Legahardin
ROUTE
DE DJIBOUTI AU OUALAMO
par Harar & Addis Ababa
suivie par
Mr J.G. VANDERHEYM
1894-95
CHOA
Entotto
Indigara
Ankober
Addis Ababa
(Finfinni)
Bourki
Mtonkora
Kousso
DJATA
Condalilti
Sources chaudes
ZOUAÏ
AROUSSI
Sources chaudes
Contala
OUALAMO
Mt Damoté
ABBAÏ
GOUROC
10°
40°
M.C. del.

UNE EXPÉDITION

AVEC

LE NÉGOUS MÉNÉLIK

(VINGT MOIS EN ABYSSINIE)

CHAPITRE I

De Paris à Obok. — Obok. — Djibouti. — De Djibouti au Harrar. — Le Harrar. — Du Harrar à Addis-Ababa (Chóa). — Notre factorerie à Addis-Ababa.

I

IL est une loi commune : tout voyageur, qu'il coure un monde connu ou inconnu, qu'il traverse des contrées battues ou inexplorées, éprouve, au retour, le besoin irrésistible d'écrire ses impressions.

Il a la prétention que les choses ont été vues par lui sous un aspect nouveau.

Il désire faire partager à ses amis les émotions ressenties et faire revivre pour eux les scènes de sa vie d'aventures.

De là à transformer par la pensée ses amis en lecteurs, et à vouloir publier ses notes, il n'y a qu'un pas.

Je l'ai franchi et me présente aujourd'hui à ceux qui voudront bien me lire, par amitié ou par intérêt du sujet, comme un voyageur atteint de la manie commune à chacun, qu'il revienne d'Asnières ou du centre de l'Afrique.

Le 12 novembre 1893, je quittais Marseille à bord de l'*Ava*, courrier de Madagascar des Messageries maritimes.

M. Jules Rueff, président du Conseil d'administration de la Compagnie commerciale Franco-Africaine, m'envoyait en Abyssinie comme agent de cette compagnie, qui possédait un comptoir à Djibouti, un autre au Harrar, un troisième, enfin, à Addis-Ababa, dans le Choa.

Je devais visiter ces trois agences.

Le peu d'affaires qui se sont traitées pendant mon séjour à Obok, Djibouti, au Harrar et au Choa m'a permis de prendre bon nombre de notes et de photographies.

De plus, j'ai accompagné le Négous Ménélik dans une de ses expéditions, et pendant les deux mois que j'ai vécu avec lui j'ai été témoin de faits qui, racontés sans parti pris, jetteront peut-être quelque lumière sur l'empereur d'Éthiopie et feront un peu connaître ces contrées dont il est tant parlé en ce moment.

Je fis une très agréable traversée, ayant trouvé à bord les RR. PP. Cyprien et Théodore, de la mission catholique d'Obok. C'est avec le R. P. Cyprien que je fis le voyage de Djibouti au Harrar. C'est un homme de haute stature. Son regard reflète la bonté et la franchise. Son nez d'aigle surmonte une bouche souriante, encadrée d'une moustache et d'une longue barbe grisonnante, qui descend sur la poitrine et se détache sur le blanc de sa robe de flanelle. Sa parole est intéressante ; il a beaucoup vu, beaucoup retenu, et emploie des mots justes pour évoquer les souvenirs des vingt années passées à l'île Maurice. Il paraît chasseur passionné et sait quelque peu réparer une arme ou une machine. Il emportait avec lui tout un attirail de forgeron et de mécanicien.

Le P. Théodore est petit et âgé de vingt ans à peine ; il parle, avec un fort accent du Midi, en termes exubérants. Il espérait que nous ferions route ensemble jusqu'au Harrar : « Nous tuerons des pann*thères*, me disait-il, des lion*gnes* et des élé-phan*gnes*. » Photographe comme moi, nous disser-tions des heures entières sur tel ou tel procédé de développement.

Je trouvai également à bord M. Davault, agent des Messageries maritimes, qui rentrait après un congé; il me fit une description d'Obok et de ses habitants, fonctionnaires et civils, qui ne me donna pas envie d'arriver plus vite dans cette terre promise.

A Port-Saïd, nous prîmes quelques passagers, dont M. Eysseric, géographe distingué, avec lequel je suis resté en correspondance, et M. Greffulhe, négociant et agent des Messageries maritimes à Zanzibar.

Nous bavardions souvent de longues heures ou jouions au whist.

Des soldats d'infanterie de marine, voguant vers l'île de la Réunion, chantaient, à l'avant, des scies de régiment ou jouaient au loto, renouvelant, à la sortie de chaque numéro, les légendaires à-peu-près.

Quelques Anglais et Allemands, qui devaient prendre à Aden un bateau pour les Indes ou la Chine, complétaient notre société.

Un colonel anglais de l'armée des Indes, flanqué de ses deux charmantes filles, ne quittait pas son appareil photographique, prenant, à tous moments, des instantanés.

Devisant gaiement avec ces passagers, nous arrivâmes assez rapidement à Obok, le 23 novembre, au petit jour. De nombreux boutres arabes accostent aussitôt l'*Ava*, et les petits Somalis, si souvent décrits, se plongent dans la mer pour attraper des sous que leur jettent les passagers, aux cris répétés de : « Oh! oh! à la mer! à la mer! » et de « bakchich », le seul mot compris par toutes les peuplades orientales.

Obok, vu de la rade, n'a rien de très engageant, et la descente à terre tente peu les passagers de la ligne de Madagascar, dont les paquebots s'arrêtent trois heures, deux fois par mois, à l'aller et au retour, pour y faire leur charbon. Quelques maisons arabes, d'une blancheur éclatante, le village indigène, le pénitencier et la factorerie Mesnier se détachent sur un fond de sable jaune à l'aspect sec et aride, et sur un ciel bleu d'Orient.

II

Obok a été acheté par la France, en 1862, aux chefs indigènes du pays, afin de servir de dépôt de charbon sur la route de Cochinchine.

A cette époque, ce n'était qu'une plage inhabitée, mais on avait compris le parti que l'on pouvait tirer de sa rade, reconnue excellente pour le mouillage.

On acquit en sus, et le tout pour 10 000 thalaris.

représentant à cette époque environ 55 000 francs de notre monnaie, une bande littorale longeant le détroit de Bab-el-Mandeb depuis le ras (cap) Zantour, contournant le golfe de Tadjoura pour finir au ras Djibouti et présentant une étendue de 25 lieues carrées.

Ce n'est que vers 1882 que l'on s'occupa de cette nouvelle colonie. Quelques maisons commerciales s'y portèrent pour pénétrer en Abyssinie, mais durent abandonner ce port, la route vers l'intérieur étant impraticable. Les négociants s'établirent à Djibouti, port situé de l'autre côté du golfe de Tadjoura, et véritable point de départ de la route vers le Harrar.

Le gouvernement français suivit le mouvement. Le transport de la colonie d'Obok à Djibouti est définitif depuis novembre 1895. On pense même que, d'ici à peu, l'ancien dépôt de charbon sera complètement abandonné.

Voici, à titre de document, la composition européenne de la colonie d'Obok et de Djibouti, lors de mon passage :

Le gouverneur; 1 administrateur de 1re classe; 2 administrateurs de 2e classe; 1 trésorier; 1 médecin colonial; 2 infirmiers; 1 capitaine de port; 1 adjudant d'infanterie de marine (représentant le gouverneur à Djibouti); 1 agent des postes; 1 mécanicien (pour la machine à glace); 1 garde d'artillerie; 12 surveillants militaires (remplissant diverses fonctions : chef du service indigène, commandant le *Pingouin*, postier à Djibouti, commandant de milice indigène, etc.), plus l'équipage du stationnaire l'*Étoile*, avec 3 officiers, environ 50 miliciens et une vingtaine d'employés indigènes (cuisinier du gouverneur, interprètes, employés des postes, etc.); 4 sœurs pour l'hôpital; 3 pères capucins.

Population civile : 10 négociants et employés français; 1 Anglais; 6 Grecs; environ 1 000 indigènes, somalis, dankalis, abyssins et arabes pour Obok, et 1200 pour Djibouti.

La ville, qui s'étend sur une longueur de plage d'environ 5 kilomètres, peut se diviser en quatre parties bien distinctes : le camp, le village arabe, les paillotes indigènes et le groupe de la factorerie Mesnier et du pénitencier.

La résidence du gouverneur, M. Lagarde, construction cubique à deux étages, d'une architecture primitive, est bâtie sur une élévation qui domine la mer. Elle est entourée de massifs de cailloux, avec des plates-bandes de cailloux un peu plus gros, séparés par des allées sablées, à l'instar des jardins anglais. Deux palmiers dans des caisses, soignés comme des nouveau-nés, gardent la porte principale, pendant que quatre petits canonsdirigent leurs gueules minus-

OBOK : LE CAMP.

cules vers l'étendue de la mer. A côté de la résidence, un phare jette, la nuit, ses feux verts et rouges pour indiquer l'entrée de la passe. Derrière la résidence se dressent quelques bâtiments à étiquettes pompeuses : bibliothèque, trésorerie, postes et télégraphes, qui contiennent les nombreux fonctionnaires chargés des services administratifs; l'hôpital sert d'escale aux militaires malades de la ligne de Madagascar, trop fatigués pour entreprendre la cuisante traversée de la mer Rouge.

Le cimetière, situé sur la plage, rappelle aux rares visiteurs les noms de héros inconnus, victimes des insolations ou de fièvres coloniales. Une série de tombes avec l'émouvante mention « mort en service commandé » indique la sépulture des braves matelots de l'aviso le *Pingouin*, massacrés à Ambado par des hordes somalies. Le *Pingouin* est à

Djibouti et sert de résidence maritime au gouverneur, qui quitte chaque soir sa résidence terrestre pour tâcher de respirer un peu de fraîcheur. Cet aviso fut jadis commandé spécialement pour la colonie, dans le but de remonter la rivière (?) d'Obok, dont le lit est à sec 364 jours de l'année et se termine par un petit estuaire boueux où poussent quelques maigres palétuviers.

Devant la résidence, une estacade de quelque cent mètres avance sa gracieuse charpente de fer en pleine mer. En arrière, sur un plateau madréporique, on aperçoit les maisons des missionnaires catholiques et des religieuses.

La mission d'Obok se compose de plusieurs capucins sous les ordres du R. P. Léon, dépendant lui-même de Mgr Thaurin, évêque du Harrar.

En sortant du camp et sur la plage se dressent les bâtiments contenant les appareils à glace et à distillation, que l'administration coloniale entretient pour fournir aux peu nombreux colons de la glace à 1 franc le kilogramme et de l'eau distillée à 7 centimes le litre.

OBOK : LA MISSION CATHOLIQUE.

Puis on distingue les premières habitations du village proprement dit, composé seulement d'une bordée de maisons arabes en pierre. Deux de celles-ci ont un premier étage, et encore l'étage supérieur de l'une est construit en torchis comme les paillotes indigènes.

Dans l'unique rue d'Obok se trouvent l'agence des Messageries maritimes, un hôtel-épicerie-restaurant français; quelques négociants grecs ou arabes tiennent des échoppes maigrement approvisionnées de cotonnades à bon marché, de comestibles, de poissons ou de viande de boucherie. Enfin on trouve le poste de police, composé de miliciens indigènes en tenue coloniale, pantalon et veste de toile blanche à boutons d'or, avec une large ceinture à boucle de cuivre, le chef couronné d'un calot blanc à galon jaune ou bleu et rouge.

Deux cafés arabes déversent leur clientèle dans la rue : les consommateurs, les reins ceints d'un pagne blanc à bordure multicolore, les épaules couvertes d'un *tob* laissant voir leur poitrine généralement osseuse, un long bâton à la main, vautrés sur des banquettes boiteuses et dépaillées, fument leur narguilé en s'interpellant ou en jouant aux cartes; des Abyssines drapées à l'antique dans un vaste péplum de mousseline plus ou moins blan-

OBOK : LA GRANDE RUE.

che, des Arabes voilées au déhanchement languissant, des petites filles couvertes de bijoux d'argent ou de colliers d'ambre et de verroterie, passent dans la foule, où se mêlent les poulets étiques, les gracieuses chevrettes somalies, les petits ânes gris ou les beaux moutons à grosse queue, à toison blanche et à tête noire. Quelques femmes somalies ou dankalies, habillées de guenilles aux tons neutres, les cheveux gras, d'une saleté repoussante, portant de larges boucles d'oreilles à pendeloques carrées, des colliers de billes de verre avec plaques en étain, et de lourds bracelets de cuivre, sont accroupies à l'ombre des murs et vendent, dans des outres qui suintent, du lait ou du beurre liquide. Elles s'effarouchent et se cachent le visage à l'approche des Européens.

Plus loin, une agglomération de lamentables paillotes : c'est le village indigène. Les huttes sont construites d'une façon sommaire et de matériaux peu coûteux : des branches d'arbres desséchées et noircies par le soleil forment la charpente; des fragments de vieilles toiles à voile, de sacs en loques, ou de nattes effilochées, ficelés tant bien que mal, tiennent lieu de murs ou de portes. A la nuit, un petit foyer allumé par terre, ou un lumignon placé dans une boîte à pétrole défoncée et rouillée, éclaire ces misères ; la fumée prend à la gorge celui qui ose s'aventurer dans ces demeures. Quelques femmes, ramassis de tous les pays environnants, abyssines, gallas, soudanaises, somalies ou arabes, sont assises sur le pas de leur porte ouverte et éclairent leur face noire de leur blanc sourire.

En arrière du village indigène, les « jardins » sont disposés sur les berges ou dans le lit de la rivière desséchée; une maigre végétation entoure les puits creusés à cet endroit et explique ce nom pompeux. Le gouvernement a un semblant de petit square bien entretenu à grand renfort de bras; c'est le seul point où l'œil puisse se reposer dans ce coin de terre aride, désolé et inhospitalier, où la végétation n'est

OBOK : LE VILLAGE INDIGÈNE.

représentée que par des palétuviers ou par des mimosas brûlés et rabougris.

Enfin, relié au camp par une route directe qui passe derrière le village et que bordent des poteaux télégraphiques, se trouve le pénitencier militaire, construit sur l'emplacement de l'ancienne tour Soleillet. Les condamnés indigènes provenant des autres colonies françaises sont généralement occupés à des travaux de constructions et de voirie sous la haute surveillance de miliciens soudanais ou sénégalais ; le pénitencier militaire d'Obok est d'ailleurs supprimé depuis le 1er janvier 1896.

La factorerie Mesnier est une construction solide et vraiment pratique pour ces pays brûlants. A l'en-

LA FACTORERIE MESNIER ET L'ANCIENNE TOUR SOLEILLET.

trée est enterré M. Arnoux, directeur d'un comptoir commercial, assassiné à cet endroit par les Dankalis, lors de la fondation d'Obok en 1882. En avant de la mer, le dépôt de charbon de la factorerie; en arrière et sur la hauteur, un phare indique la position d'Obok. Sur la route, des jardins au village ce ne sont qu'allées et venues de chameaux ou d'ânes, transportant dans des bidons à pétrole l'eau saumâtre des puits pour les besoins journaliers de la colonie.

En rade le stationnaire l'*Étoile* balance sa carcasse démodée, des boutres indigènes, pêcheurs ou caboteurs, promènent leur unique grande voile, quelquefois un charbonnier vient déverser sa marchandise sur le wharf des établissements d'Obok;

le bateau mensuel des Messageries maritimes ou
de la Compagnie Nationale vient faire charbon, ou
un petit steamer venant d'Aden apporte du
fret.

Le climat n'est pas malsain, malgré une
chaleur excessive et les
coups de khamsin de
juin, juillet et août,
pendant lesquels on
se calfeutre chez soi,
fenêtres, volets et portes

OBOK : LE PHARE.

fermés pour éviter les bouffées d'air cuisant et les
trombes de sable qui s'abattent en ces parages.

Après une visite à M. Lagarde, je partis pour
Djibouti sur un boutre du gouvernement. La traversée, de 40 kilomètres seulement, peut se faire en
3 heures et demie, mais la plupart du temps le
calme plat succède à une légère brise au départ et
l'on met 6 heures ou plus pour franchir cette courte
distance. Aussi emporte-t-on à tout hasard vivres et
livres pour se nourrir et se distraire à bord.

III

Djibouti n'est pas colonie française, mais prend
le titre de Protectorat de la côte des Somalis.

Ce port est appelé à devenir un jour un point de

ravitaillement des plus importants pour nos navires de guerre et une escale pour les vaisseaux commerçants, ce qui amènerait les caravanes venant d'Abyssinie par le Harrar à y aboutir au lieu d'aller jusqu'à Zeïla ou Berbera.

Quelques projets dont l'exécution contribuerait à développer la colonie sont actuellement à l'étude : exploitation des salines du lac Assal, dépôt de charbon pour les navires de guerre et les courriers d'Australie et de Madagascar, pose d'un fil télégraphique et d'une voie ferrée de la côte au Harrar.

Le passage mensuel des paquebots des Messageries maritimes, qui abandonnent Obok pour venir faire leur charbon à Djibouti, depuis novembre 1895, a déjà donné un nouvel essor à la colonie. Le câble

DJIBOUTI : LA RÉSIDENCE.

HALTE D'UNE CARAVANE A DJIBOUTI.

qui relie Aden à Obok par Périm est depuis la même époque continué jusqu'à Djibouti. Mais actuellement les convois de café, d'ivoire, de civette, de peaux de chèvre, et les courriers portant de l'or de Léka ou des pays avoisinant le Nil Bleu prennent encore la route des colonies anglaises.

Djibouti présente un aspect riant et agréable.

Les maisons carrées blanchies à la chaux se silhouettent sur le fond brun formé des paillotes du village indigène avec un arrièreplan de collines

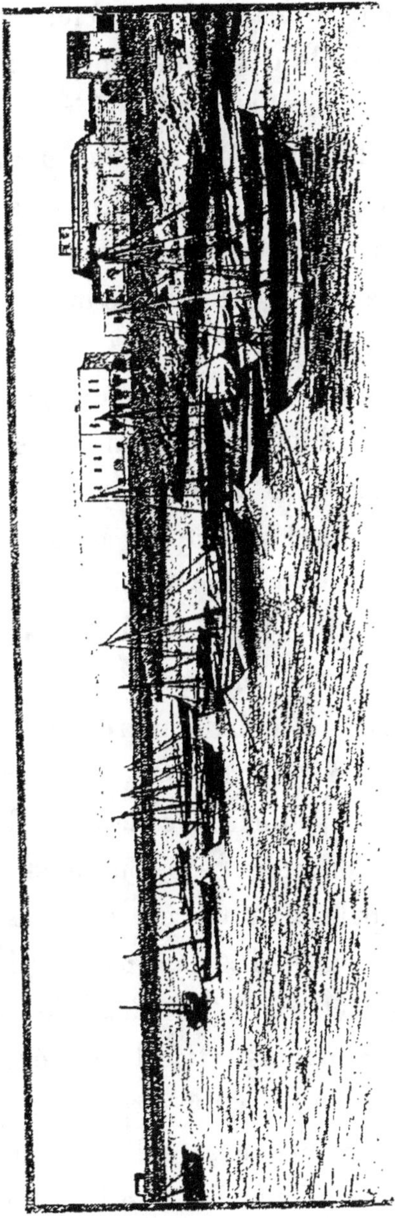

DJIBOUTI : LA RADE.

s'estompant sur un ciel rarement nuageux.

Après le débarquement, le spectacle continue à plaire; on distingue le *Pingouin*, la Résidence, la jetée, les constructions que domine la vaste ferme du Comptoir de la Compagnie Franco-Africaine, récemment cédée au gouvernement. Quelques boutres se balancent en rade ou sont tristement échoués à marée basse.

La nouvelle résidence du gouverneur, d'une architecture lourde et bizarre, ressemble, vue de loin, avec ses deux tourelles plaquées de chaque côté du bâtiment principal, à quelque châtelet féodal. Elle se dresse à l'extrémité de la langue de terre sur laquelle est bâtie Djibouti, en arrière de la jetée; plus loin, le pénitencier et le mess des surveillants militaires et fonctionnaires subalternes; enfin, par derrière encore, les boutiques des débitants français ou grecs, épiciers, cafetiers et boulangers.

Le mouvement à Djibouti est localisé sur la place principale, quadrilatère dont les côtés sont entièrement formés de maisons de pierre; peu de bâtiments à étages. L'un d'eux, le *Diouane*, sur lequel flotte le drapeau tricolore, réunit les bureaux de l'Administration du Protectorat, la poste, le service indigène, avec salle de conseil, de jugement ou de réunions. De nombreux *calams* sont tenus

DJIBOUTI : CAFÉ INDIGÈNE.

DJIBOUTI : LE POSTE DE POLICE.

par les chefs des tribus indigènes à tous propos.

Des agents du pays, bien disciplinés, font le service de la police soit au Diouane, soit au corps de garde de la place. Une escorte à méharis ou à mulets accompagne le gouverneur pendant ses promenades. Le Diouane est le point de départ et d'arrivée des chameliers soudanais ou sénégalais qui font la poste à méhari entre Djibouti et le Harrar. La ligne est continuée depuis mars 1895 par un service hebdomadaire entre le Harrar et le Choa.

Autour de la place se trouvent la prison et le poste de police, et les boutiques indigènes offrant leurs denrées alimentaires ou leurs cotonnades indiennes.

Sur la place même, des marchands et marchandes somalis ou dankalis étalent des peaux de chèvre, du lait, du beurre, du foin ou des fagots, parmi les ânes et les chameaux assoupis en plein soleil.

Plus loin, le marché à l'eau, où des femmes somalies · débitent dans des bidons à pétrole l'eau potable puisée à Ambouli, à 3 kilomètres.

De la place partent quelques rues bordées de maisons en pierre ou de huttes en torchis, de cafés, dont les terrasses regorgent d'indigènes jouant aux dominos ou aux cartes, étendus sur des banquettes instables.

La rue principale mène au poste de police, qui est à l'entrée de la ville, non loin des écuries du Gouvernement; à côté se trouvent le parc à chameaux, le bâtiment médical, le marché à la viande et quelques paillotes hospitalières de la colonie.

Ce poste, point de départ de la route du Harrar, passe quelquefois à l'état d'arsenal; c'est là en effet que tout arrivant de la brousse dépose ses armes,

DJIBOUTI : LE MARCHÉ.

DJIBOUTI : LE MARCHÉ À LA VIANDE.

DJIBOUTI : LE MARCHÉ.

qu'il reprend d'ailleurs en sortant. Les poignards dankalis sont accrochés auprès de couteaux somalis entre des lances de toutes tailles, unies ou garnies de cuivre; des boucliers de toutes dimensions, des sabres abyssins, alternent avec des fusils de tous modèles, depuis le mousquet à pierre jusqu'au winchester dernier système, à côté du lourd poignard arabe dont le double fourreau contient d'un côté une lame effilée, et de l'autre, roulé dans un étui de cuivre ou d'argent ouvragé, quelque verset du Coran.

La ville est, depuis peu, entourée d'une légère clôture de petites lattes.

En bordure sur la mer, une mosquée en torchis expose ses drapeaux rouges près des huttes rondes du village des miliciens soudanais.

A l'autre extrémité de Djibouti se trouvent les maisons des négociants et celle de l'ex-sultan Bourhan-Bey, emprisonné pour délit politique. Les plateaux du Héron, du Marabout et du Serpent, reliés à la terre ferme seulement à marée basse, indiquent l'emplacement de la ville future. Pour le moment, les ruines d'une nouvelle résidence abattue par le vent et les tombeaux de MM. Deloncle et Aubry, victimes du choléra de 1892, s'y dressent seuls.

IV

J'étais installé depuis quelques jours seulement à Djibouti, lorsque je reçus avis de l'intérieur d'avoir à gagner Addis-Ababa, près d'Entotto, résidence actuelle de l'empereur Ménélik, où la compagnie avait un comptoir.

Je devais passer par le Harrar et non par la route du désert, qui est plus courte, mais moins fréquentée par les caravanes et par cela même moins sûre.

J'allai à Obok avant de quitter la côte afin de m'entendre avec le R. P. Cyprien pour faire ce voyage avec lui.

Je fis la traversée en boutre avec un Suisse,

DJIBOUTI : LA VILLE.

M. Appenzeller, ouvrier en bois auprès du Négous. Après de longues années passées à travailler pour Sa Majesté, il ne paraissait pas très satisfait de ses procédés et me peignit l'Abyssinie sous un jour peu favorable. Il rentrait dans son pays natal après avoir eu toutes les peines du monde à se faire remettre par Ménélik ce qu'il lui devait depuis longtemps. Il suivait de près un de ses compatriotes, M. Zimmermann, parti, lui, du Choa, en très mauvais termes avec Sa Majesté. Elle refusait de lui payer des marchandises incendiées au palais après leur vente, lui disant : « Je ne veux pas te payer des objets dont je n'ai pu me servir ».

Un autre Suisse, M. Ilg, résidait alors au Choa, et faisait fonction auprès du Négous de ministre des affaires étrangères.

Je rentrai à Djibouti après avoir pris congé de M. Lagarde, qui fournit au R. P. Cyprien une escorte pour la route : soldats soudanais et abyssins très dévoués au gouvernement.

Le révérend père prit également quelques soldats abyssins élevés à la mission ; l'un d'eux, le cuisinier, parlait quelque peu le français, mais n'avait de son emploi que le titre : c'était un vilain nègre originaire de Kaffa, qui savait à peine accommoder le gibier que nous tuions ou réchauffer les provisions de nos boîtes de conserves.

Les préparatifs durèrent quelques jours ; il fallait enrôler des hommes d'escorte, des *boys* pour mon service personnel, chercher un *abane* ou chef responsable des chameliers, qui devait se charger lui-même de trouver les chameaux, et de les mener à bon port ; il fallait aussi acheter des mulets de selle et de charge, des provisions de route, des *guerbes* pour contenir l'eau, etc.

Enfin le 13 décembre nous partîmes, le P. Cyprien et moi, escortés jusqu'à Ambouli par les quelques Français de la colonie et des sous-officiers du gouvernement. Nous nous arrêtâmes à Ambouli, petite oasis à 3 kilomètres de Djibouti, formée de divers jardins appartenant au gouvernement et à des colons qui entretiennent pour le plaisir des yeux quelques touffes de verdure et font pousser des melons ou des salades. Les jardins sont, comme à Obok, plantés sur les rives d'une rivière à sec dont les puits approvisionnent Djibouti.

A 3 kilomètres de là se trouve le fort de Yabelé, alors en construction, achevé depuis peu et dont la garnison est formée d'une douzaine de Sénégalais ou

LES JARDINS D'AMBOULI.

Soudanais. Un phare le surmonte et sert à indiquer en mer la situation de Djibouti, auquel il est relié par téléphone.

La route actuelle de la côte au Harrar passe par Yabelé et finit là d'être carrossable ; ce ne sont plus alors que dures montées et légères descentes pour gagner les plateaux éthiopiens.

LE FORT DE YABELÉ.

En 1893 on laissait Yabelé sur la gauche et l'on filait vers Boullo, première et dernière halte des caravanes du Harrar.

Le Gouvernement français avait installé à cet endroit un petit baraquement surmonté du drapeau tricolore, gardé par un Soudanais. Ce poste est actuellement remplacé par celui de Beyadé, sur la

ALI FARAH, SOMALI, CHEF DE CARAVANE.

3

nouvelle route plus directe, tracée par les condamnés, jusqu'à Mordalé.

Les étapes étaient fatigantes, vu la très grande
chaleur et surtout la lenteur des chameaux, que
nous ne pouvions quitter un instant sans craindre
de laisser nos bagages en arrière; il fallait constamment stimuler les chameliers et chamelières,
se disputer avec l'abane et leur promettre force
bakchich s'ils arrivaient en douze jours au Harrar.

Nous allions si lentement, que le R. P. Cyprien,

LA POSTE DE DJIBOUTI AU HARRAR.

grand chasseur devant l'Éternel, et moi avons fait à pied les trois quarts de la route, chassant de chaque côté du sentier tracé par les précédentes caravanes : ainsi s'ajoutaient à nos repas de succulents lièvres, des tourterelles ou de petites gazelles appelées *dig-dig*, des francolins ou des outardes.

Aux haltes nous mangions un morceau sur le pouce, à l'ombre d'un rocher ou de quelque mimosa brûlé par le soleil, car la brousse monotone offre peu d'abris ombragés. Près des rivières desséchées, où se trouvaient les puits, nous faisions les grandes haltes, dressant notre tente pour la nuit et faisant alors de copieux repas, arrosés d'une eau saumâtre et souvent boueuse.

Nos soldats montaient la garde à tour de rôle, tirant souvent sur les hyènes qui rôdaient autour de notre campement. Nous entendîmes plusieurs fois, mais à distance, le rugissement du lion.

Tout cela était loin de l'idée que je m'étais faite de la route à parcourir, car la carte de l'état-major mentionne une foule de noms. On est tenté de les prendre pour des noms de villages ou tout au moins pour des rassemblements de huttes. Mais ils n'indiquent que l'arrêt habituel des caravanes, facilement reconnaissables aux pierres noircies par le feu, aux fientes de chameaux, aux lanières cassées, aux

tronçons de bâts et aux boîtes de conserves défoncées.

Jusqu'à quelques kilomètres du Harrar il n'y a
pas trace d'habitation. On ne rencontre que rarement quelques troupeaux de moutons ou de chèvres conduits par des Adals à mine rébarbative,
qui s'approchent pour mendier un lambeau de cotonnade, une poignée de riz ou un peu de tabac.
Ils ont l'air plutôt de guerriers que de pâtres ; des
bracelets de fer aux bras et des plumes blanches
piquées dans leur épaisse chevelure signifient qu'ils
ont tué des ennemis, souvent quelque homme d'une
tribu voisine lâchement assassiné pendant son sommeil. Ils portent au bras gauche un petit bouclier
en peau d'hippopotame, à la taille un couteau poignard, une lance en fer grossièrement forgé en
guise de houlette.

Ces indigènes se montrent généralement aux
abords des puits, dont l'eau, d'ailleurs saumâtre,
est troublée de suite par tous les soldats de la caravane et par les bêtes qui s'y désaltèrent. Le sable
dans lequel ces puits sont creusés à mesure des
besoins ne tarde pas à rendre l'eau opaque.

Nous passâmes par Boullo, Goudgane, Rahahalé,
Adgine, Mordalé et la grande plaine de Saarman,
que l'on met deux jours à traverser sans rencontrer

de puits. Enfin, après six jours de marche, nous atteignîmes Bia-Kaboba, où se trouve un poste abyssin; là les puits sont plus nombreux et par cela même le pays plus fréquenté par les tribus nomades. Ils sont profonds de quatre à cinq mètres. Leurs parois formant gradins, un adal descend puiser de l'eau dans une écuelle en bois, et la passe à ses camarades placés à diverses hauteurs. Le dernier la verse dans des auges en peau, où viennent se désaltérer par centaines les chèvres et les moutons.

Nous restâmes un jour à Bia-Kaboba pour nous reposer, et par Dalaïmalé, Kotté, Ouordji, Boussa, nous arrivâmes à Gueldessé le 22 décembre.

Nous comptions nous y reposer un jour, mais il fallut repartir aussitôt, M. Louis, l'agent de notre compagnie au Harrar, étant venu à notre rencontre pour nous empêcher d'y camper, car la fièvre y régnait à l'état permanent. Mgr Thaurin, évêque apostolique du Harrar, l'avait engagé à faire en sorte que nous ne nous arrêtions à Gueldessé que le temps nécessaire pour voir les autorités. Quelques Abyssins nous demandèrent pour la forme qui nous étions. et où nous allions.

Nous eûmes le temps de remarquer que les maisons n'ont plus le même aspect qu'à la côte; on les

LES PUITS A'BIA-KABORA.

appelle *toucoules*; elles sont petites, rondes et couvertes d'un toit en chaume en forme de parapluie.

Il fallut renoncer au repos, pourtant bien mérité, et marcher de suite sur Belaoua, cinq heures de route ascendante par un clair de lune superbe.

A Belaoua, pour la première fois depuis dix jours, nous couchâmes dans une hutte, qui nous sembla un palais! Le P. Cyprien et moi, nous nous fîmes de moelleuses couches en paille; elles nous parurent d'autant meilleures que nous avions dormi jusqu'ici roulés dans nos couvertures, sur la terre et sur les cailloux.

Le lendemain nous traversions une campagne verdoyante. Nous avions définitivement quitté la brousse. L'altitude des environs de Harrar est d'environ 1900 mètres, le climat relativement bon et les terres arrosées de maints cours d'eau. Partout de fertiles campagnes, plantations de caféiers et de dourah.

Nous arrivâmes à Harrar à la nuit tombante; je n'y suis malheureusement resté que six jours et n'ai pu en acquérir une connaissance suffisante.

V

De loin la ville semble bâtie en chocolat. Les maisons sont en pierres rougeâtres ou recouvertes de torchis, deux seulement sont blanches, une ancienne mosquée égyptienne et le palais du ras Makonnen. Le ras est cousin de l'empereur par les femmes; il est général-gouverneur, ayant le grade, sinon le titre, de vice-roi; homme d'une intelligence au-dessus de la moyenne, il est plus éveillé que la plupart des chefs abyssins, grâce à un séjour de quelques mois fait en Italie en 1892 comme chef de mission. Il paye un fort tribut à Ménélik, car il tire des douanes un gros revenu. Le commerce au Harrar est très important, surtout en cafés; les caravanes vont toutes à Zeïla et de là à Aden, où elles trouvent un débouché facile; on compte sur un chemin de fer pour les attirer à Djibouti; mais, malgré la concession donnée à M. Ilg et la visite de quelques gens intéressés à la question, la réalisation de ce projet semble problématique, du moins pour le moment.

J'allai faire visite à Mgr Thaurin, homme d'une finesse extrême et d'une influence énorme sur les Abyssins, qu'il semble du reste tenir en petite estime; il leur préfère les Gallas, parmi lesquels il choisit les enfants qu'il élève à la mission.

Harrar est entourée d'une muraille; à 6 heures du matin les portes de la ville s'ouvrent et elles se ferment à 6 heures du soir. Il est perçu un droit en espèces assez élevé sur toute caravane qui entre et qui sort.

Les soldats abyssins n'ont aucune tenue régulière ; ils sont habillés d'une culotte, d'une chemise en cotonnade jadis blanche, et drapés superbement dans de sales « chamas ». Un fusil indique seul leur rôle. Ils se parent généralement de coiffures hétéroclites, chapeaux de paille ou de feutre. Des bandeaux de mousseline servent de digue au beurre dont ils s'inondent la tête et l'empêchent de tomber dans le cou. Un de mes soldats, pour entrer au Harrar, arbora aux portes de la ville un superbe chapeau de soie haut de forme, épave de quelque fonctionnaire de Djibouti.

Je ne restai à Harrar qu'une semaine, et trouvai néanmoins le moyen d'avoir affaire à la justice abyssine ! Un de mes hommes, en effet, avait remis par erreur à un négociant grec une lettre adressée à un autre Grec, ennemi avéré du destinataire, qui n'avait eu rien de plus pressé que de l'ouvrir et de la garder.

Je fus donc appelé chez l'*alaka gobao*, qui faisait fonction de gouverneur en remplacement du ras Makonnen alors auprès du Négous. Je passai de longues heures à déposer et à écouter les témoins de l'affaire se disputer en langues abyssine, galla et grecque. Je fis ma déposition en anglais ; l'alaka gobao, ayant habité l'Égypte, savait cette langue. Les audiences étaient amusantes, les attitudes et gestes me semblaient curieux par la nouveauté de la chose.

Je fis quelques excursions aux environs. L'une dans la vallée de Herrer, où j'admirai les superbes plantations d'un colon grec. Je compris alors le parti que l'on pourrait tirer d'une terre si riche, l'intérêt qu'une nation civilisée aurait à posséder ce pays, et les intrigues politiques qui s'y jouent actuellement.

La fertilité de cette contrée est telle, qu'on peut faire dans certains endroits deux ou trois récoltes annuelles. Mais les Abyssins et les Gallas, ruinés par les impôts excessifs et par les exactions de toutes sortes, sont forcés de renoncer à cultiver leur terre

La ville est bizarre. Les rues, tortueuses et à pente raide, regorgent de promeneurs et de marchands ; les échoppes en plein air sont approvisionnées de denrées, de cotonnades, de couvertures de laine, d'articles de ménage, le tout généralement de provenance indienne et de qualité très inférieure. Quelques négociants européens, presque tous Grecs, tiennent les principales boutiques et font l'exportation et l'importation.

La vie au Harrar n'est pas ennuyeuse. Les Européens se fréquentent. L'hospitalité de Mgr Thaurin et des Pères de la mission est légendaire. Les nouvelles arrivent fréquemment de la côte. Les environs sont jolis et giboyeux.

Je fis la connaissance de M. Felter, qui était alors représentant d'une grosse maison de cafés à Aden et agent officieux du gouvernement italien. C'est lui-même qui servit d'intermédiaire, au moment de la reddition de Makallé, entre le ras Makonnen et le général Baratieri.

Je rencontrai également MM. Rosa et Ricci, l'un négociant, l'autre ouvrier en bois, que l'on disait être à la solde de l'Italie.

Comme Français, M. Louis, l'agent de notre comptoir au Harrar, et M. Sahnias, négociant, mort quelques semaines après à la suite d'un accident de cheval.

Le jour de Noël nous réunit tous à la même table, le lendemain d'un réveillon qui restera un des agréables souvenirs de mon voyage.

Je quittai cet Éden le 1er janvier 1894 pour gagner le Choa par le Tchertcher. Au bout de quelques jours, mes mulets de charge étant fatigués, je dus, pour ne pas rester longtemps en route, laisser en arrière mes bagages encombrants et ma tente, qui me suivirent par petites étapes. Je couchai à la belle étoile enroulé dans mes couvertures. Le réveil dans la rosée était fort peu agréable ; il fallait une bonne heure avant que les articulations des membres reprissent leur jeu habituel. Je n'avais plus alors mon gai compagnon, et les douze jours que je mis pour arriver à Addis-Ababa me semblèrent très longs.

VI

En sortant du Harrar on gagne le lac Haramaya, en traversant de verts pâturages. Des multitudes de superbes canards sauvages se promènent sur le lac, mais leur chair est aussi coriace que leur plumage est beau.

Cette route est assez fréquentée ; on y rencontre de temps à autre de petits villages, et l'eau coule claire et limpide dans des rivières ombragées. On traverse de belles forêts où des familles de gorezza se balancent aux arbres. Ces singes de taille moyenne, à longs poils blancs et noirs, se rangent sur les branches et ricanent en nous voyant. Quelques coups de carabine les font déguerpir et voltiger d'arbre en arbre comme des acrobates sur leurs trapèzes.

PAYSAGE ABYSSIN : HALTE DE CARAVANE.

Je passai par Tchallanko, Derrhou, Irna, Couni, laissant au sud le lac Tchertcher, après avoir quitté Legahardin (mentionné sur la carte de l'état-major comme *lac Ardin*, malgré l'absence de lac à cet endroit). La route monte et descend sans cesse entre 1 900 mètres et 1 000 mètres d'altitude.

Le 8 janvier je franchis à gué l'Aouache, près d'un pont en bois remplacé depuis par un pont de fer. Mais je ne séjournai pas dans les environs du fleuve par crainte des fièvres, terribles à certaines époques de l'année, et par crainte des moustiques. des scorpions et des araignées énormes qui y pullulent. Pendant la saison sèche l'Aouache coule peu profond, mais à la saison des pluies ce fleuve change d'aspect : c'est un torrent impétueux, qui roule des rochers énormes avec un bruit assourdissant. La faune, tout le long des rives de l'Aouache, est des plus variées ; presque tous les animaux de la création s'y rencontrent, lions, éléphants, léopards, panthères, zèbres, bœufs sauvages, antilopes, gazelles, crocodiles, serpents de toutes tailles et oiseaux de toutes espèces.

La route longe ensuite quelque temps la vallée du Kassam dans la province du Minjar, passant par Bourkiki et Baltchi, où se trouve la douane de l'empereur Ménélik.

A partir de l'Aouache on rencontre des villages importants, et les Abyssins offrent

PAYSAGE ABYSSIN : CARAVANE EN ROUTE.

MA MAISON A ADDIS-ABABA.

aux Européens une hospitalité d'autant plus écos-
saise qu'ils la savent bien rétribuée. On reçoit des
cadeaux, qui sont d'ailleurs les bienvenus, jarres de
lait ou de bière du pays, moutons, beurre, œufs,
miel, galettes de pain, etc. Je commençais à connaître l'esprit abyssin : donner un œuf pour recevoir
un bœuf.

Enfin l'après-midi du 12 janvier j'étais en vue
du *Guébi* (palais impérial) d'Addis-Ababa et j'arrivais à la factorerie à la nuit.

En y arrivant je trouvai MM. Savouré et Stévenin, directeur et employé de la Compagnie Franco-Africaine. On me fit dresser dans la cour de la factorerie une tente que j'habitai deux mois, jusqu'à l'achèvement de la nouvelle demeure de notre directeur, qui me céda la sienne. Elle était petite, ronde; le sol battu formait le plancher, et le toit en parapluie le plafond. Construite en pierres et en boue, juste suffisante pour préserver des intempéries des saisons, elle était luxueusement ornée d'un mauvais lit abyssin et de quelques meubles : chaises, étagères et tables, jadis caisses à marchandises.

M. Savouré est de petite taille et d'un embonpoint légendaire en Abyssinie. Venu en ces contrées pour y chercher fortune, il y a une douzaine d'années, il ne désespère pas de la rencontrer un jour. Bon, trop bon même à l'égard de ces nègres, il paraît ignorer que le mot « reconnaissance » ne figure pas dans le vocabulaire amharique. M. Stévenin, bon ouvrier, mécanicien adroit, avait été engagé à Paris par notre Compagnie pour monter deux moulins hydrauliques. Il s'était très bien acquitté de ce travail; mais, quand les moulins fonctionnèrent, le Négous refusa d'en prendre livraison, les trouvant trop chers. On a dû les abandonner.

La factorerie de la Compagnie Franco-Africaine se compose de plusieurs maisons, situées sur un terrain d'environ 800 mètres carrés concédé par le Négous. Elle est entourée d'une haie en branches, soutenue à la base par des pierres superposées, qui empêchent la nuit les hyènes d'entrer.

La demeure principale, qui était alors en construction, est une maison ronde, en pierres et boue, d'environ 12 mètres de diamètre et d'une hauteur de 10 mètres. Le rez-de-chaussée, légèrement en contre-bas, est divisé en trois pièces : les magasins à marchandises et l'atelier.

L'étage inférieur est partagé en plusieurs réduits, par des cloisons en bambou : la chambre de M. Savouré, le bureau et une petite cuisine dont le fourneau en pierres taillées est l'œuvre de Stévenin, le maître Jacques de l'agence. Les pièces sont meublées de lits abyssins servant de canapés, d'armoires, de tables et de chaises faites avec des planches de caisses. Des rideaux d'andrinople, des peaux de lion, des chromos représentant le Président de la République et la tour Eiffel ornent les murs.

Deux autres habitations, plus petites, celle de Stévenin et la mienne, une autre servant de boutique où se tient M. Affeurou, notre chef de magasin, un Abyssin assez débrouillard et pas trop voleur, les écuries à mulets et à vaches, quelques huttes où les femmes moulent la farine et cuisent le pain, sont disséminées dans la cour.

En dehors de la haie un véritable petit village est adossé à la factorerie. Ce sont les huttes des domestiques de l'agence, des gardiens des mulets et des bestiaux, des courriers pour le Harrar, des soldats pour la route. A l'époque de mon arrivée on comptait 77 domestiques, hommes et femmes. Ces domestiques ne coûtent pas cher ! Il est d'usage, sauf pour les chefs qui ont quelques thalers par mois, de leur donner la nourriture quotidienne et de les habiller d'un pantalon et d'un tob tous les six mois ; aux femmes on donne une robe, également deux fois par an. Il est juste d'ajouter que, pour les services qu'ils rendent, ils sont encore trop payés.

VII

Une fois installé dans la factorerie, j'avais à m'occuper, outre la tenue des livres, de menus travaux : surveiller la confection des cartouches, la vente au détail au magasin, etc.

Nous recevions, pour la vente en gros, les marchands indigènes, qui troquaient nos marchandises contre de l'or, des dents d'éléphants ou de la civette.

Le sable aurifère est ramassé dans les provinces occidentales de l'Abyssinie. Il est grossièrement lavé, fondu dans des creusets en terre et façonné en anneaux ou en lingots.

A l'époque de mon arrivée à Addis-Ababa, il valait 20 thalers l'okette de 28 grammes (poids d'un thaler neuf), mais depuis il n'a fait que monter, et à mon départ il valait 28 thalers.

L'ivoire se vend également au poids. Dès que nous en avions réuni une quantité suffisante, on l'envoyait à la côte par caravane de chameaux.

La civette, qui est le produit de la sécrétion d'un petit quadrupède carnivore du même nom, se trouve rarement à l'état pur. Les Abyssins y mêlent du beurre pour la falsifier. On la vend également à l'okette, qui vaut de 2 à 5 thalers suivant le degré de sa pureté.

On comprendra facilement pourquoi les affaires ne sont plus possibles au Choa, tant en importation qu'en exportation, lorsque je dirai que le thaler suit les fluctuations de l'argent métal.

Il y a quelques années, il valait environ 5 fr. 50, à mon passage à la côte 3 fr. 60, et en février 1894 2 fr. 35 !

Le Négous et ses sujets se refusent à comprendre quoi que ce soit au change, voulant conserver les anciens prix pour acheter, mais ils comprennent comme par enchantement dès qu'ils veulent céder les produits de leur pays.

Nous leur vendions des fusils, des cartouches, de la verrerie, des casseroles, des étoffes de coton ou de soie, des chaussettes, des chaussures et même des gants! puis des peaux tannées d'Arabie, des canifs, de la quincaillerie, des tapis, de la parfumerie, des couvertures de laine, de l'huile et du vinaigre et surtout des alcools, eaux-de-vie, rhum ou absinthe, dont ils sont très friands.

Notre magasin avait l'air d'un bazar !

Je n'étais jamais inoccupé, utilisant mes loisirs à photographier ou à écrire mes notes. De plus, j'aidais Stévenin dans ses travaux de serrurerie, de menuiserie ou d'armurerie.

De temps à autre le Négous ou les grands chefs, qui ne venaient pas eux-mêmes à la factorerie, nous faisaient prier de passer chez eux pour leur présenter des marchandises nouvellement reçues.

M. Trouillet vint bientôt après mon arrivée avec une caravane de 150 chameaux. Il apportait de nombreuses marchandises, fusils, cartouches, soieries, parfumerie, etc.

Il revenait de France, où il avait passé deux mois de congé. Il était l'agent du comptoir du Choa, et je devais, de concert avec lui, diriger l'agence d'Addis-Ababa.

Il accompagnait Mme Stévenin, la femme de son camarade.

DJIBOUTI : LE DIOUANE

CHAPITRE II

Le palais de Ménélik. — Je suis présenté au Négous.
Le marché. — Les Abyssins.

I

ADDIS-ABABA est la résidence actuelle de Ménélik II, empereur d'Abyssinie, roi des rois
d'Éthiopie, élu du Seigneur, lion vainqueur de la
tribu de Juda, ainsi qu'il s'intitule lui-même.

Il aime surtout à rappeler qu'il est le descendant
de Salomon et de la reine de Saba. Voici ce qu'écrit
à ce sujet le patriarche Alfonse Mendès, cité par le
R. P. Jérôme Lobo[1] :

1. *Voyage historique d'Abyssinie du R. P. Jérôme Lobo,
de la Comp. de Jésus, traduit du portugais, continué et aug-
menté de plusieurs dissertations, lettres et mémoires,* par
M. le Grand Prieur de Neuville-les Dames et de Prévessin. A
Paris et à la Haye, chez P. Gosse et J. Neaulme. MDCCXXVIII.
(Ce livre m'a été prêté par le R. P. Léon, de la mission catholique d'Obok.)

« Les annales du Païs, dit-il, et la tradition commune, nous assurent qu'après plusieurs siècles, les Abissins ont eu une Reine, qui avoit toutes les qualités des plus grands hommes. Ils la nommoient Magueda, d'autres Nicaula ; c'est elle-même qui, par l'envie qu'elle eut de connoistre Salomon, dont elle entendoit dire tant de merveilles, l'alla trouver l'an vingtième de son règne et du monde 2979. Elle lui porta plusieurs présens. Elle en eut un fils dont elle accoucha en chemin, lorsqu'elle revenoit ; elle appela ce fils Ménélech, c'est-à-dire un autre lui-même. »

Ménélik II est le fils naturel du roi du Choa Haélou (lui-même fils de Sallé-Sallassié) et d'une mendiante recueillie par lui au palais.

A dix-neuf ans Ménélik s'échappa de la cour de Théodoros, qui le tenait prisonnier. Il fut aidé dans sa fuite par la fille de ce puissant négous qu'il avait séduite.

Il rentre dans les États de feu son père, se fait proclamer roi du Choa, puis à la mort du négous Johannès, successeur de l'empereur Théodoros (1818-1868), se fait élire empereur d'Éthiopie en 1889.

Ménélik II doit être né vers 1845.

Addis-Ababa est situé à l'endroit où se trouve sur les cartes le nom de Finfinni. Il y a là des sources d'eau chaude, où Ménélik passe quelques semaines de l'année en villégiature. Ces sources sont situées à dix minutes du palais, ce qui n'empêche que lorsque le Négous y campe il emmène avec lui toute sa cour et habite sous des tentes comme en expédition.

L'altitude d'Addis-Ababa est de 2 300 mètres environ, sa situation est par 9 degrés de longitude entre les 36ᵉ et 37ᵉ degrés de latitude. Elle est de création récente et aucun géographe n'en fait mention.

L'Abyssinie n'a pas en réalité de capitale; là où demeure l'empereur est la ville principale.

Ménélik s'est fixé à Addis-Ababa depuis 1892 et il paraît devoir y séjourner définitivement; c'est là en effet que les anciens empereurs d'Éthiopie étaient couronnés, et de plus cet endroit est à peu près le centre des possessions et des pays tributaires du Négous.

Ankober, où résidait l'empereur il y a quelques années, est maintenant une ville morte. Sa population a été décimée par le choléra et la famine de 1892.

Entotto, à quelque trois cents mètres au-dessus d'Addis-Ababa, est également désertée, les maisons y tombent en ruine et les bois dont elles étaient construites sont transportés pour faire de nouvelles habitations dans la capitale nouvelle ; deux églises, dont l'une en pierre et inachevée d'ailleurs, sont seules entretenues : le Négous s'y rendant souvent en pèlerinage, suivi de toute sa cour.

Au contraire Addis-Ababa, en langue amharique « nouvelle fleur », est une cité naissante. Les maisons sortent de terre à vue d'œil pour ainsi dire, et le marché y prend de jour en jour plus d'importance.

La population est flottante et très difficile à évaluer. Le roi y réside avec sa suite immédiate et environ 10 000 hommes. Mais lorsqu'un roi tributaire ou un général-gouverneur de province vient apporter l'impôt annuel à l'empereur, et lui faire sa cour, il amène avec lui la majeure partie de ses vassaux : la population se trouve ainsi considérablement augmentée.

Au Choa le climat est assez sain. L'année se divise en deux parties : la saison sèche, de fin septembre à fin juin, et la saison des pluies, de juillet à octobre. Dans ces deux périodes, un mois avant et un mois après les pluies, la fièvre fait de nombreuses victimes.

Pendant la saison sèche, le soleil est vif, les journées chaudes, mais la fraîcheur arrive avant la nuit. Il pleut abondamment et sans discontinuer pendant les quatre mois de la mauvaise saison, et le soleil est invisible, ce qui rend insupportable le séjour au Choa.

Addis-Ababa est à huit jours de marche par courrier rapide de Harrar et à deux jours d'Ankober. Depuis quelques mois, le service postal de Djibouti au Harrar est continué de Harrar au Choa, mais les timbres serviront plutôt à orner les collections des philatélistes qu'à affranchir les lettres, les Européens seuls en faisant usage. Les caravanes mettent environ deux mois de la côte au Choa, les marchandises sont transportées à dos de chameaux jusqu'à deux jours d'Addis-Ababa, puis à dos de mulets, d'ânes et de chevaux en raison des montées rapides et des ravins. A mi-chemin de la côte au Choa, à Herrer, on doit changer de chameaux et l'on en trouve plus ou moins rapidement, selon les caprices du Négous, qui, s'il a intérêt à voir arriver une caravane, envoie des ordres dans ce sens. Il faut encore force bakchichs pour trouver le nombre de chameaux nécessaire, et de nouveaux bakchichs pour décider les chameliers à partir. Du reste en route on doit aplanir les difficultés suscitées à tout instant par les chameliers ou les tribus adales que l'on rencontre, en mettant la main à la poche ou en défaisant une balle de cotonnade dont quelques coudées distribuées à propos servent de passeport.

La route par le désert n'est pas très sûre et les caravanes sont souvent attaquées. Aussi escorte-t-on les convois de nombreux soldats abyssins armés.

La résidence impériale d'Addis-Ababa est sur une butte naturelle au centre d'un vaste cirque entouré de montagnes, qui sont : au nord Diledila (nouvel Entotto); Jeka, à l'est; Zecoala (sur le sommet de laquelle se trouve un lac), au sud; l'ancien Entotto, à l'ouest. Vers le sud-est, on aperçoit le mont Herrer et, vers le nord-ouest, la cime du mont Managacha, sur lequel sont des vestiges d'une ancienne église portugaise.

A proximité de cette dernière montagne se trouve une grande forêt; des bûcherons et charpentiers, sous les ordres d'un Français, qui cache son véritable nom sous celui de Dubois, travaillent sans repos à abattre, scier et tailler des arbres pour les besoins de Sa Majesté.

J'allai avec M. Stévenin passer huit jours chez lui. Nous chassions le matin dans la forêt — une forêt vierge; nous tuâmes une gazelle, quelques pintades et un singe. Une demi-douzaine d'autres singes de la famille de notre victime, furieux de voir tomber un des leurs, sautèrent sur son cadavre et l'emportèrent de branche en branche en grinçant des dents.

L'ADÉRACHE, SALLE A MANGER DU PALAIS.

Ils ramassèrent des pierres, puis, remontant aux arbres, ils nous criblèrent d'une grêle peu agréable, nous obligeant à fuir et nous ôtant à tout jamais l'envie de nous livrer à ce genre de tir.

Le Guébi, palais impérial, est entouré de plusieurs enceintes en branches, ou de petits murs en pierre et boue.

Il se compose de plusieurs habitations, dominées par l'*Elfigne*, demeure particulière du Négous et de l'impératrice Taïtou.

L'Elfigne, qui peut avoir 15 mètres de hauteur, a l'aspect d'une construction arabe : les murs sont blanchis à la chaux, le toit est recouvert de tuiles rouges bordées de zinc brillant, les portes, fenêtres, balcons et escaliers extérieurs peints de couleurs voyantes, vert, bleu, jaune et rouge.

Parmi les autres constructions, on remarque l'*Adérache* ou salle à manger principale, le *Saganet* ou tour de l'horloge; plus loin le *Gouoda* ou entrepôt : c'est là que le Négous passe lui-même la douane lorsqu'il s'agit de caravane quelque peu importante. En descendant on trouve les ateliers de forgerons, d'ouvriers en métaux, de charpentiers du palais, les magasins et un grand dépôt, véritable capharnaüm rempli de toutes sortes de marchandises de rebut, entassées pêle-mêle : vieux fusils, pots de couleurs, vieilles ferrailles, outils hors d'usage, caisses défoncées, etc.

Les cours du Guébi prennent dès l'aurore un aspect fort animé; les officiers de l'empereur, les personnages de la cour, les traversent en tous sens.

Lorsque j'arrivai au Choa, on rencontrait au palais le docteur Traversi, représentant officiellement l'Italie, et l'ingénieur Capucci, la représentant officieusement. Ce sont deux hommes d'un commerce fort agréable.

Le premier a quitté, depuis lors, la cour éthiopienne pour assister aux divers combats du Tigré (campagne de 1895), grâce à la connaissance qu'il a de la langue abyssine, il a été des plus utiles pour déchiffrer la correspondance trouvée dans les bagages du ras Mangacha.

Le second, en février 1895, a été jugé comme « espion », quoique chacun, même le Négous, sût depuis longtemps qu'il correspondait avec le gouvernement italien et envoyait souvent des courriers spéciaux par Zeïla.

J'ai appris plus tard qu'il fut enfermé dans une forteresse et qu'en voulant s'échapper il se fractura les deux jambes en tombant sur des rochers à pic.

On rencontrait également au Guébi M. Ilg, ingénieur suisse, en quelque sorte ministre des affaires étrangères de Ménélik, et favorisant auprès de lui telle ou telle influence suivant le moment. C'est lui qui a fait quasiment l'éducation du Négous.

Peu de négociants français, quelques Grecs, des Arméniens, des Arabes et des Indiens vont et viennent au palais.

II

Le surlendemain de mon arrivée à Addis-Ababa je fus présenté au Négous Ménélik par M. Savouré, directeur de la Compagnie Franco-Africaine. Dès le matin nous partions pour le palais.

Après avoir traversé quelques cours séparées par des clôtures en branches et avoir fait antichambre dans l'une d'elles pendant deux bonnes heures assis sur une poutre, je fus introduit auprès de Sa Majesté.

Le souverain n'aimant pas que l'on vienne les

LE SAGANET, SALLE DE JUSTICE.

mains vides, j'avais apporté quelques pièces d'étoffes de soie. Aussi Sa Majesté me reçut-elle d'une façon charmante. Accroupi sur un fauteuil pliant recouvert de peluche vieil or, au milieu d'une pelouse, l'empereur était entouré d'une foule de seigneurs. L'un d'eux projetait sur lui l'ombre d'un vaste parasol rouge brodé d'or.

La physionomie intelligente de Ménélik plaît au premier abord. Sa barbe légèrement grisonnante entoure une figure très noire et grêlée. Une chemise de soie de couleur, un pantalon de cotonnade blanche,

MÉNÉLIK.

un *chamma* en coton blanc très fin et un burnous de satin noir bordé d'or forment son habillement; un vaste feutre noir à larges bords et un serre-tête en mousseline blanche cachent sa calvitie. Ses mains sont énormes, ainsi que ses pieds, qu'il chausse de souliers Molière sans lacets ou de chaussettes de soie. Quelquefois, mais rarement, il met chaussettes et souliers ensemble.

Les seigneurs qui l'entourent épient ses moindres gestes et suivent chacun de ses regards pour devancer ses ordres.

L'audience ne dura que quelques minutes. L'empereur me souhaita la bienvenue et me demanda si j'avais fait un bon voyage. Sur ma réponse affirmative il me dit qu'il espérait que je me plairais dans son pays. Le Grasmatch Joseph nous servait d'interprète. Nous prîmes congé du Négous en nous inclinant à la mode abyssine tout en embrassant notre main gauche, mais nous fûmes obligés de rester à déjeuner au palais.

A partir de ce jour je dus aller presque tous les dimanches matin au Guébi : il est bon de se montrer au Négous, tant au point de vue « affaires » qu'au point de vue « relations ». Lorsqu'on va au palais, on est forcé en quelque sorte de déjeuner, car les portes se ferment pendant le repas impérial et les chefs de service savent bien trouver les Européens, que l'empereur est enchanté de voir auprès de lui. Il ne manque pas de causer avec eux. A l'arrivée des courriers de la côte, il m'interrogeait toujours sur les nouvelles venues de France, auxquelles il s'intéressait particulièrement.

Lorsque j'appris la mort du président Carnot, je lui fis traduire les journaux qui donnaient les détails de l'assassinat, et lui montrai les illustrations représentant les funérailles. Comme il était en rapport avec le Président, qui lui avait envoyé quelques années auparavant les insignes de la Légion d'honneur, Ménélik fit écrire à Mme Carnot une lettre de condoléances et chargea quelques mois plus tard M. Lagarde de déposer une couronne au Panthéon. Cette mort l'irrita beaucoup ; il savait la nationalité de Caserio, et, comme à cette époque ses relations avec l'Italie commençaient à se tendre, il fulminait contre l'assassin et ne parut apaisé que lorsque je lui appris son exécution.

Plus tard j'annonçai au Négous la mort du comte de Paris. Il envoya de suite, par courrier spécial, ses condoléances à la comtesse, et me rappela le traité suivant que fit son grand-père Sahlé Salassi, roi du Choa, avec le roi Louis-Philippe par l'entremise de Rochet d'Héricourt en juin 1843.

« Vu les rapports de bienveillance qui existent entre S. M. Louis-Philippe, roi de France, et Sahlé Sallassi, roi de Choa, vu les échanges de cadeaux qui ont eu lieu entre ces souverains par l'entremise de M. Rochet d'Héricourt, décoré des insignes de grand du royaume, le roi de Choa désire alliance et commerce avec la France. »

Art. I. — Vu la conformité de religion qui existe entre les deux nations, le roi de Choa ose espérer qu'en cas de guerre avec les musulmans et les autres étrangers, la France regardera ses ennemis comme les siens propres.

Art. II. — S. M. Louis-Philippe, roi de France, protecteur de Jérusalem, s'engage à faire respecter comme les sujets français tous les habitants du Choa qui iront en pèlerinage et à les défendre à l'aide de ses représentants sur toute la route contre les avanies des infidèles.

Art. III. — Tous les Français résidant au Choa seront considérés comme les sujets les plus favorisés, et, à ce titre, outre leurs droits, ils jouiront de tous les privilèges qui pourraient être accordés aux autres étrangers.

Art. IV. — Toutes les marchandises françaises introduites dans le Choa seront soumises à un droit de 3 pour 100, une fois payé, et ce droit sera prélevé en nature, afin d'éviter toute discussion d'arbitrage sur la valeur desdites marchandises.

Art. V. — Tous les Français pourront commercer dans le royaume de Choa.

Art. VI. — Tous les Français résidant au Choa pourront acheter des maisons et des terres, dont l'acquisition sera garantie par le roi de Choa; les Français pourront revendre et disposer de ces mêmes propriétés.

Fait en double.

Angola, le 7 juin 1843.

Signé : Rochet d'Héricourt.

Ce traité n'a d'ailleurs jamais été mis en vigueur; le Négous n'en parle que depuis la rupture du traité d'Outchali et le commencement de son hostilité contre les Italiens.

L'empereur Ménélik fait tous ses efforts pour empêcher la castration des blessés à la guerre ; mais lorsque j'accompagnai Sa Majesté contre les Oualamos je vis que cette coutume est enracinée dans les mœurs des Abyssins, des Gallas et des peuplades de l'Afrique orientale. Malgré tous les édits et ordonnances qu'il rend et malgré tout le respect que ses sujets ont pour lui, le Négous ne peut rien pour abolir cet ignoble usage. Les Abyssins l'expliquent en disant qu'ils arrêtent ainsi la descendance de leurs ennemis.

Ménélik a compris que s'il veut rester indépendant il ne doit pas ressembler aux roitelets nègres que les Européens escamotent journellement en Afrique pour s'annexer leur territoire. D'une intelligence hors ligne et possédant au plus haut degré la faculté d'assimilation, il se rend compte du grand pas que son pays aurait à faire pour qu'on reconnût son indépendance. Son entourage, ses généraux et ses sujets, se comparant aux peuplades avoisinantes qui combattent avec la lance tandis qu'ils ont des fusils, se croient très civilisés. Mais les Abyssins ou Gallas qui ont été à la côte à Berbera, Zeïla, Djibouti ou Obok, voient combien ils sont en retard sur nous

et sur les Arabes. Quant à ceux que l'on a em-
menés en France comme domestiques et dont on
ne peut rien tirer tant leur paresse est grande, ils
perdent dès leur rentrée sur le sol natal la notion
des choses vues. J'ai souvent causé avec le jeune
domestique de M. Trouillet, originaire du Tigré :
véritable gavroche du désert, il ne se rappelle de
son voyage à Paris que des perroquets faisant du
trapèze aperçus sur quelque tréteau de baraque fo-
raine.

Ménélik a dû être dur et cruel pour arriver à
étendre son empire comme il l'a fait; mais le temps
est loin où, ayant aperçu la femme d'un de ses généraux, le Cagnasmatch Zekargatcho, et la trouvant à
son goût, il la fit enlever, puis ordonna de mettre
aux fers son mari, qui mourut, peu après, assassiné.
Il l'épousa et en fit l'impératrice actuelle Taïtou,
répudiant sa première femme Bafana.

Mais Bafana aimait les Européens, tandis que
l'impératrice Taïtou ne peut les sentir.

L'impératrice Taïtou eut pour premier mari officiel le général Oueld-Gabriel, attaché à l'empereur
Théodoros, qui aussitôt après ce mariage mit aux
fers son officier pour écarter celui-ci.

A la mort de Théodoros, elle épousa le général
Taclé-Gorguis, mais divorça bientôt pour épouser le

CORTEGE DE L'IMPÉRATRICE TAÏTOU.

gouverneur d'une province, que le roi Jean fit emprisonner.

Elle se retira dans un couvent, qu'elle abandonna pour épouser le général Zekargatcho.

Ménélik l'épousa en avril 1883, elle avait trente ans.

Il faut reconnaître que Ménélik ne manque pas d'une certaine habileté. Un complot ourdi en 1892 dans l'espoir d'un changement de souverain ayant été découvert, il n'y eut qu'un petit nombre de gens de la cour qui furent punis sur l'heure. Le prétendant, cousin éloigné de Ménélik, homme de peu de valeur et choisi seulement comme enseigne, fut enfermé. Les conspirateurs, gardés à vue au palais, ne furent pas longtemps à se montrer les plus empressés autour de l'empereur, qui les combla de faveurs, leur donnant des pays et des dignités comme s'il ignorait qu'ils eussent fait partie du complot. Puis tout à coup il les disgracia, et confisqua leurs biens. Aussi leur chute ne fut-elle que plus terrible; en outre, le peuple ne s'est jamais douté que tant de hauts personnages avaient eu l'idée de renverser leur souverain.

L'empereur est, ou plutôt veut paraître, démocrate, et, malgré les usages antiques, esclavage et corvées, il écoute les réclamations de ses sujets qui viennent jusqu'aux portes du palais crier : « Justice !

Justice ! » parfois pendant des heures entières, jusqu'à ce que Sa Majesté se décide à recevoir une députation. Souvent, fendant la foule, un paysan se jette aux pieds du mulet de l'empereur pour demander du pain : l'ordre est alors donné de lui servir le *kaleb*, portion de grain fournie mensuellement aux ouvriers impériaux ou... de le chasser à coups de trique !

Chaque jour Ménélik se rend à la chapelle du Guébi ; les dimanches et jours de fête, il entend la messe avec l'impératrice à l'église de la Trinité, située non loin du palais. C'est devant cette église que, les jours de fête, les prêtres dansent et hurlent des chansons religieuses en agitant des crécelles de cuivre, et en brandissant vers le ciel la béquille qui leur sert d'appui pendant les offices.

Ménélik fait tous ses efforts pour combattre les menées du clergé, qui se montre très hostile à toutes les nouveautés. Un jour, les prêtres de sa cour lui ayant reproché de s'être laissé photographier par un Européen, parce que le diable était dans l'appareil : « Idiots, leur dit-il, c'est au contraire Dieu qui a créé les matières qui permettent l'exécution d'un tel travail ! Ne me racontez plus de pareilles sornettes ou je vous fais rouer de coups ! »

Lorsque l'empereur sort, il est escorté de quelques

DANSE DES PRÊTRES ABYSSINS DEVANT L'ÉGLISE DE LA TRINITÉ.

milliers de soldats armés de fusils ou de lances et de boucliers. De loin c'est une masse grouillante et bariolée, blanche, noire et rouge. L'habillement des

CROIX D'ÉGLISE, TRAVAIL ABYSSIN.

Abyssins est fort sommaire. Il se compose d'un léger pantalon blanc venant à mi-jambes, d'un grand péplum blanc coupé par le milieu d'une bande rouge et qu'ils drapent à l'antique. Quelques-uns portent un burnous de laine ou de soie noire, et des chapeaux de feutre mou à larges bords. Un long sabre en forme de glaive au côté droit et une ceinture-cartouchière achèvent leur toilette. Le fusil et le bouclier sont confiés à un domestique de leur suite.

Quant au Négous, il chemine sous une grande ombrelle rouge à franges d'or, portée par un favori. Il est monté sur un fort mulet richement caparaçonné d'étoffes éclatantes et harnaché de cuirs brodés de fils d'or et d'argent avec écussons à ses armes, qui représentent un lion mitré tenant dans sa patte droite un bâton enrubanné terminé par une croix. Des soldats portent son bouclier, son fusil et souvent une chaise couverte d'une housse en andrinople.

L'impératrice sort rarement; son cortège est également fort nombreux. Elle est montée sur un mulet, à califourchon, ainsi que les femmes de sa suite. Sa tête est voilée de tissus de mousseline cachant sa figure, que bien peu de personnes ont pu voir, car, par ordre, le vide se fait comme par enchantement partout où elle doit passer.

Je fus un des privilégiés. Sa Majesté m'ayant fait prier de venir la photographier, je passai une matinée fort intéressante à faire poser l'impératrice

L'IMPÉRATRICE TAÏTOU.

6

Taïtou, les princesses et les dames de la cour, qui avaient revêtu leurs plus beaux atours, mais je goûtai peu le déjeuner que Sa Majesté fit servir à son photographe. Je crois que pour me remercier on avait doublé ce jour-là la dose de poivre de berberi ! Le teint de l'impératrice est clair et paraît d'autant moins foncé que les dames d'honneur sont choisies parmi les plus noires de l'empire. L'impératrice a ses gens à elle, ses officiers de service, ses femmes et sa cassette particulière ; les frais de nourriture au palais sont payés alternativement une semaine par l'empereur et une semaine par l'impératrice.

Je fis également ce jour-là a photographie de la princesse Zaoudietou, fille de Ménélik.

III

Autour du palais impérial, et assez éloignées les unes des autres, se trouvent les habitations abyssines, rondes, en pierre et boue, ou en bois, surmontées de toits en chaume de forme conique ; les plus modestes parmi les sujets de Ménélik vivent dans des *godjos* en paille hautes d'un mètre à peine, qui les abritent tant bien que mal pendant la nuit. Çà et là, des campements, des tentes qui

apparaissent et disparaissent du jour au lendemain.

Addis-Ababa n'est pas à proprement parler une
ville, mais une agglomération de huttes, assez sem-
blables à une réunion de meules de foin, dont les
toits coniques se découpent sur le ciel.

L'importance d'un chef se reconnaît au nombre
de partisans qu'il traîne à sa suite lorsqu'il sort et au
nombre de huttes construites autour de sa maison.

Le système féodal existe en Éthiopie. Les seigneurs gouvernant les territoires que leur a confiés
l'empereur ont au-dessous d'eux d'autres chefs;
ceux-ci commandent à d'autres, et ainsi de suite
en descendant jusqu'au paysan, qui n'est à proprement parler qu'un esclave, sur lequel retombent les
charges de cette organisation.

En expédition les généraux conduisent leurs
hommes à la suite du Négous; chaque soldat est
lui-même suivi de serviteurs qui prennent part aux
combats et qui deviennent soldats dès qu'ils ont tué
un ennemi et ramené à leur chef des prisonniers.

Addis-Ababa est coupée de plusieurs torrents
guéables pendant la belle saison, mais imprati-
cables pendant les pluies. Ces torrents séparent des
buttes moins élevées que celle sur laquelle se
trouve le Guébi. Sur l'une d'elles est la demeure du

LE MARCHÉ A ADDIS-ABABA.

ras Makonnen. Sur d'autres, l'église, la maison de l'aboune Mathéos (évêque catholique copte), etc. Presque toutes les habitations importantes sont en vue du Guébi.

Il n'est pas rare, en se promenant, de mettre le pied sur un crâne ou sur des ossements d'hommes ou d'animaux. Les cadavres des indigents ne sont pas enterrés, les hyènes et les chacals qui rôdent la nuit autour des maisons se chargent de les dépouiller de leur chair. Il y a deux ans, à l'époque de la famine, le spectacle était, paraît-il, terrible ! On ne voyait que lambeaux humains à peine déchiquetés, que les hyènes rassasiées abandonnaient, chassées par la clarté du jour.

Les Abyssins n'ont pas d'état civil, ils naissent, se marient et meurent sans actes officiels.

Sur une petite plaine, au pied de la demeure du ras Makonnen, se tient le marché quotidien, et plus loin, sur un espace moins restreint, le marché hebdomadaire, de beaucoup plus important.

Le samedi, à midi, l'animation y est très grande. Les transactions s'opèrent sous l'œil du *nagadi-ras* (chef des marchands).

Placé sur une éminence, sorte de tribune en pierre et bois, sous une ombrelle d'osier, il juge les différends qu'on lui soumet à tous moments.

Le marché est un véritable fouillis d'hommes, de femmes, de mulets, d'ânes, de chevaux et de marchandises de toutes sortes étalées sur le sol. Une fois engagé dans la foule, on a peine à se frayer un passage. On avance à tout instant entre deux croupes de mulets ou sur les jambes des marchands.

La monnaie en Abyssinie est le thaler de Marie-Thérèse d'Autriche, qui varie de valeur selon le cours de l'argent à Aden. Dans certaines provinces occidentales il y a un peu de monnaie de fer.

Le commerce se fait surtout par échanges. Le plus grand trafic du pays consiste en toiles de coton, en provisions de bouche, en bétail, en or, en civette ou en ivoire que l'on donne au poids, et principalement en sel, que l'on peut proprement appeler la monnaie du pays. On le débite par morceaux d'environ 25 centimètres de longueur sur 4 à 5 centimètres de largeur et d'épaisseur. On en a plus ou moins pour un thaler selon que l'on est plus ou moins loin du lieu où on le prend. On fait beaucoup de cas du sel en Abyssinie, et le R. P. Jérôme Lobo rapporte que, lors de son voyage en ces contrées, chacun en portait un petit pain dans une bourse pendue à la ceinture. Lorsque deux amis se rencontraient, ils tiraient leur sel et se le donnaient à lécher, puis le remettaient en place. C'eût été une très grande incivilité d'y manquer et de ne pas faire toutes les façons qui doivent accompagner cette « honnêteté ».

Les pains de sel ou *amolès* sont entassés en piles devant les innombrables changeurs du marché. Pour convertir un thaler, que de pourparlers ! D'abord on le retourne en tous sens et on le montre aux voisins, puis les amolès sont soupesés, mesurés, étudiés un à un, on frappe dessus et l'on écoute le son produit; pour savoir si le pain est bien plein et non fêlé ! Enfin on s'entend et l'on se tape dans la main : affaire conclue !

M. Chefneux a récemment apporté d'Europe, à titre d'essai, une nouvelle monnaie à l'effigie du Négous. Mais l'échange et la circulation des thalers actuels, quand ils ne sont ni trop neufs ni trop usés, est déjà l'objet de tant de difficultés, qu'il me paraît impossible de faire prendre avant longtemps les nouvelles pièces. Elles sont fort belles, bien frappées et de titre plus élevé que les thalers anciens, qui salissent les mains dès qu'on en a touché une dizaine. Toutes raisons qui me font croire que les Abyssins s'en serviront comme de médailles ou pour orner les pommeaux de leurs sabres, à moins qu'ils ne les fassent fondre pour confectionner leurs vilains bijoux.

L'unité de longueur est la coudée : chaque acheteur mesure lui-même avec son avant-bras ce dont il a besoin. Les hommes aux bras les plus longs sont chargés des emplettes pour leurs amis et connaissances moins favorisés qu'eux sous le rapport de la taille.

La mesure de poids est le thaler, pesé dans une balance fort sommaire, à un seul plateau de peau ; une ficelle mobile au bout du fléau tient l'appareil en suspension.

MONNAIE DE MÉNÉLIK.

Pêle-mêle, au hasard de l'arrivée, accroupis sur leurs marchandises ou à côté, les marchands et marchandes vendent du bois à brûler, du miel, du grain, du café, des lames de sabre, des oignons, des fers de hache, de lance ou de charrue, des étoffes des Indes, de la verroterie, des fils de coton, des selles, des harnais, des mulets, des chevaux ou des ânes, des bœufs ou des moutons, des boutons de métal ou d'os, des cartouches, des peaux tannées, des peaux de léopard ou de panthère, du beurre, du piment, de la poterie, des toges neuves

MARCHÉ A ADDIS-ABABA.

ou d'occasion, des burnous, des poulets, enfin toute espèce de denrées, d'ustensiles ou de matières nécessaires à la vie.

Par-dessus cette foule plane l'odeur du beurre rance dont les Abyssins et surtout les Abyssines s'inondent les cheveux !

Vu la grande quantité d'abeilles et le grand nombre de vaches qu'on y nourrit, les voyageurs ont dit de tout temps que l'Abyssinie est « une terre de miel et de beurre ».

IV

A mesure que l'on s'éloigne de la côte, la vie devient des plus primitives. Elle varie peu suivant les peuplades. Les Gallas sont certes les plus travailleurs ; à l'inverse des Abyssins, ils sont fidèles aux Européens, auxquels ils s'attachent ; ils confectionnent quelques ustensiles de ménage, en bois, en corne, en fer, ou en osier tressé, garnis de perles de couleur ou de coquillages : étuis à bouteilles, corbeilles, cornes à boire, lances et couteaux-poignards, etc. Mais les Abyssins proprement dits sont paresseux, rebelles à tout progrès, et ne font rien qui puisse leur rendre l'existence plus douce ; ils sont du reste tellement orgueilleux, qu'ils ne veulent pas avouer la supériorité des blancs, bien qu'entre eux ils disent : « Ce sont des diables! » Leur seule industrie consiste dans la fabrication de fers de lance et de sabres grossièrement forgés; ils ne sont pas commerçants et s'adonnent soit au métier des armes, soit à celui d'avocat ou de prêtre.

La figure de l'Abyssin ressemble presque, n'était la couleur, à celle de l'Européen, et n'a rien de commun avec le type nègre proprement dit, à profil fuyant et à lippe prononcée. Traiter un Abyssin de nègre est une insulte grave. On rencontre en Abyssinie de beaux types d'hommes; les femmes, dont quelques-unes sont fort jolies, sont nubiles vers dix ans; elles se marient souvent à cet âge; elles jouent un rôle effacé et servent plutôt de domestiques que de compagnes. Elles ont soin de la cuisine et font les travaux les plus durs : elles vont chercher l'eau à la rivière dans de grandes jarres en terre cuite qu'elles portent sur les reins, soutenues par une corde passée sur les seins; ce sont elles aussi qui enduisent les murs de bouse de vache. Cette matière est très employée en Abyssinie : délayée avec de l'eau elle sert de peinture, mêlée à de la paille hachée menu et à de la boue elle remplace le mortier, desséchée elle sert de combustible!

Les femmes sont habillées d'une grande pièce

carrée d'étoffe blanche, tissée dans le pays, et pliée en quatre avec ouvertures pour la tête et les bras; une écharpe d'étoffe ou de mousseline également blanche forme ceinture. Rien de plus. Les grandes dames portent comme les hommes le *djano* blanc coupé de rouge, et le burnous noir de drap ou de soie.

Quelques-unes, les élégantes, mettent des bas de couleur avec lesquels elles marchent dans la boue sans chaussures. Comme elles montent à mulet à califourchon, un léger pantalon de toile s'ajoute à leur costume.

Du front à la nuque partent, parallèlement aux oreilles, des raies assez larges entre lesquelles les cheveux sont tressés fin; à la nuque, un toupet en éventail garnit le cou.

D'autres ont les cheveux courts à la Titus; les vierges ont une tonsure qu'entoure une couronne de cheveux coupés ras.

Mais, de quelque manière qu'elles se coiffent, les Abyssines oignent toutes leur chevelure de beurre, saupoudré souvent d'une herbe pilée qui donne à leur tête un aspect verdâtre et exhale une odeur repoussante!

Les Abyssines se parent de menus bijoux d'argent (l'impératrice ayant le monopole exclusif des joyaux d'or), bagues à tous les doigts, boucles d'oreilles en filigrane en forme de vis. Le cordon de soie bleu foncé (*mateub*) qui entoure le cou de tout chrétien est agrémenté de petites chaînettes, de médailles ou de croix.

Les femmes gallas s'enroulent autour des hanches des peaux qui descendent jusqu'aux genoux. Les hardes qui couvrent leurs épaules, laissant à nu les bras et les seins, sont également en peaux. Elles ont aux bras de lourds bracelets d'étain, de cuivre, de fer ou d'ivoire; de nombreux rangs de perles en verre de couleur garnissent leur poitrine.

Les güerriers abyssins portent les cheveux tressés comme les femmes, ainsi que les chasseurs d'éléphants. Ces derniers ont aux oreilles des anneaux d'or ou de petites chaînes très fines, dont le nombre indique la quantité de victimes qu'ils ont faites. Les tueurs de lions, aux grandes cérémonies, ceignent leur front d'une crinière léonine.

La nourriture des Abyssins est des plus simples : des galettes de farine à peine moulue et mal cuite, trempées dans des sauces invariablement assaisonnées de poivre de berberi (piment), extrêmement violent. Le tout arrosé, comme boisson, de *talla*, espèce de bière, ou de *tetch*, fait avec du miel.

Les Européens ont peine à s'accoutumer à la nourriture abyssine. On peut cependant citer deux

LE BALAN BARRAS GORGUE ET M. MAC KELBY.

blancs, le Balam Barras Gorguis, un Grec, et
M. Mac Kelby, un Anglais, qui, habitant l'Abyssinie depuis une trentaine d'années, s'habillent et
vivent complètement à l'abyssine. Lorsqu'ils venaient
déjeuner à la factorerie, les mets préparés à la française ne plaisaient pas à leurs palais, accoutumés
au berberi.

Voici comment s'ordonnent les repas : les hommes,
après s'être passé de l'eau sur les mains, s'asseyent
par terre en demi-cercle, dans la chambre souvent
unique qui compose l'habitation. Les femmes apportent l'une le pain sur de grandes corbeilles
plates, d'autres les sauces où nagent régulièrement
des morceaux de mouton, en dehors des jours
maigres, qui remplissent en Abyssinie un bon tiers
du calendrier, d'autres enfin la boisson.

Une femme s'agenouille devant les convives et
dispose devant chacun d'eux, sur une première ga-
lette de pains que contient la corbeille, d'autres
galettes prises en dessous et qu'elle a préalablement
trempées avec ses doigts dans la sauce placée auprès
d'elle, qu'elle goûte elle-même afin de montrer qu'on
peut manger en toute sécurité. Les convives se
servent de leur main droite en guise de fourchette
et de cuiller. Ils tiennent la viande les doigts écartés
et la déchiquettent dans les intervalles avec un mau-

vais canif, ou bien ils mettent un gros morceau directement à la bouche et, le tenant avec les dents, ils détachent d'un coup sec ce qui dépasse leurs lèvres. Pour moi, je m'entaillai le nez au premier essai. Les jarres de boisson circulent. Chez les grands personnages, des *bérillés*, petits flacons de verre de couleur, contenant du tetch, sont placés devant chacun, entourés d'un linge pour préserver du mauvais œil! C'est aussi pour éviter le mauvais œil que les issues des maisons sont fermées pendant les repas, de sorte que le jour y entre à peine.

Le repas fini, les serviteurs mangent de la même façon, sous l'œil du maître et en plusieurs services, suivant leur importance.

En route, les Abyssins sont très sobres et se nourrissent, des semaines entières, avec quelques poignées de blé, d'orge grillés ou de pois chiches.

Comme viande, le mouton seul alimente les repas. Les bœufs sont trop chers et c'est un crime de tuer un veau. Les poulets sont étiques, mauvais, mais à bon marché. On en a jusqu'à trente pour un thaler! Quant aux œufs, ils sont pour ainsi dire délaissés.

Les légumes sont rares; les choux seuls abondent, mais ils montent d'une façon surprenante et ressemblent beaucoup à des chardons. Les oignons,

MÉNÉLIK ASSISTANT A DES EXPÉRIENCES DE DYNAMITE.

aulx, etc., viennent du Harrar. Des fèves et pois chiches se trouvent au marché. Le café, en grande abondance, provient le plus souvent des pays de Djimma et de Kaffa. Il est peu goûté des indigènes, qui le consomment par petite quantité et mélangé avec des clous de girofle. Il est l'objet d'une exportation considérable. Le prix en est très bas; mais son transport par mulets jusqu'au Harrar et par chameaux jusqu'à la côte le rend relativement cher.

Chaque semaine le Négous envoyait aux Européens une provision de poireaux, carottes, choux, betteraves, salades, etc..., poussés dans son potager.

Les maladies sont nombreuses et répugnantes : la fièvre, la lèpre, la gale et surtout la syphilis y règnent à l'état latent. Cette dernière maladie est presque générale.

Quant aux médecins, ils sont remplacés par des charlatans qui usent de toutes sortes de sortilèges pour soigner leurs clients. Par des tours de passe-passe, faciles à cause de l'obscurité presque complète qui règne dans toute demeure abyssine, ils font vomir à leurs malades des crapauds ou des couleuvres, qu'ils sortent de dessous leur toge, et prétendent avoir trouvé la cause de leurs souffrances.

L'empereur s'occupe beaucoup de médecine. Il possède de nombreuses pharmacies portatives et un attirail complet de chirurgien, dons du Dr Traversi. Un jour il apprit que Mme Stévenin, récemment arrivée au Choa pour retrouver son mari, était prise de fièvre. La quinine ne lui faisait que peu d'effet; il lui envoya un remède qu'il dit être souverain : un pot de beurre de deux ans, qu'il fallait boire en plusieurs petits verres; mais on ne peut dire que le remède ait été efficace, la malade s'étant absolument refusée à absorber cette drogue vraiment par trop rance.

Ménélik est avide de s'instruire, il se fait expliquer par les Européens tout ce qui lui semble nouveau.

On avait dit au Négous que la découverte des mines de charbon donnerait à son pays une valeur énorme; aussi avait-il ordonné qu'on lui apportât un spécimen de toutes les pierres noires trouvées en Éthiopie.

Il ne se passait pas de semaine sans qu'il fasse appeler l'un de nous au Guébi pour lui présenter quelque pierre calcinée ramassée dans des terrains volcaniques, espérant toujours trouver trace de charbon!

Son grand plaisir était de montrer à ses tributaires quelque nouvel engin, arme ou mécanique, nouvellement rapporté d'Europe, et je me rappellerai toujours l'étonnement du roi du Godjam lorsque le Négous fit sauter devant lui, à la dynamite, des blocs de rochers qui barraient un des torrents d'Addis-Ababa!

LE SAGANET.

LE « BEGIRONDE » BALTCHA.

CHAPITRE III

Le Guébi ou palais impérial. — Le *lebacha*. — Le roi de
Djimma et le ras Mañgacha viennent à Addis-Ababa. — Le
colonel Piano, envoyé italien. — Je pars pour une expédition au Oualamo à la suite du Négous.

I

L'ensemble du Guébi ou palais impérial se compose de plusieurs bâtiments. L'Elfigne, où demeu-
rent Leurs Majestés, domine de beaucoup les autres.

L'Elfigne ne comprend que deux vastes pièces,
l'une au rez-de-chaussée, la seconde au premier
étage. Elles sont peu garnies, celle du premier
seule est tapissée de papier peint bleu et rouge à
grands ramages d'or. Deux lustres en verre taillé,

un grand lit de repos sous un baldaquin de mousseline, de lourds tapis en sont les seuls ornements. On accède au premier étage par un escalier extérieur en bois peint de couleurs vives, donnant sur une véranda qui entoure la maison. C'est de là que Ménélik, à l'aide de puissantes longues-vues, pour lesquelles il a un goût qui touche à la manie, surveille toute la ville.

Le *Saganet*, ou lieu de justice, est également assez élevé ; une horloge est placée au haut de l'édifice ; tous les jours, l'*affanougous* (bouche du roi), grand juge du Choa, y rend la justice ; le Négous assiste aux procès importants. Les accusés sont amenés le cou pris dans une fourche en bois ou les mains enchaînées. L'exécution suit de près la sentence. La peine la plus ordinaire consiste en coups de fouet, qui zèbrent les reins des suppliciés de sillons sanglants. Pour faire des exemples, les exécutions ont lieu quelquefois publiquement le samedi, sur la place du marché. Le voleur est condamné à avoir une main coupée ; aux récidivistes on coupe la main droite et le pied gauche ; pour les faux serments, on coupe la langue ; pour les faits plus graves, c'est la mort.

En théorie le Négous seul a droit de prononcer les arrêts de mort ; mais en réalité les gouverneurs de province les dictent également. Ils sont exécutés par les parents de la victime, généralement de la façon dont celle-ci a péri, ce qui donne lieu souvent à des incidents bizarres. Un bûcheron, en tombant d'un arbre, ayant tué un homme sans lui-même se blesser, fut traîné en justice et condamné à mourir de la même mort; mais les parents de la victime entre les mains desquels il fut remis ne voulurent pas risquer leur vie pour mettre à exécution la sentence : l'arrêt correspondait à un acquittement.

Il existe à la cour éthiopienne une charge destinée à seconder la justice. C'est en quelque sorte une police secrète qui cache ses moyens d'action sous des dehors de charlatanisme.

Cette charge est héréditaire, le chef de la famille en est le titulaire, mais ses proches parents peuvent en remplir l'emploi : on le nomme *lebacha*.

A l'aide d'un breuvage dont la recette, tenue secrète, est transmise de père en fils, on endort des enfants élevés dans ce but, qui pendant leur sommeil deviennent alors extralucides et désignent le coupable recherché.

Il m'a été donné d'assister à une de ces séances de somnambulisme. Un officier d'un général voisin de notre factorerie avait été victime de vols répétés. Il se décida à faire venir le lebacha. Tous les partisans du général, soldats, domestiques, paysans et esclaves, hommes, femmes et enfants, étaient assis en un vaste cercle devant sa maison. On endormit un des petits sujets dans une hutte. Il en sortit bientôt l'œil hagard et l'air inspiré. Après de nombreuses allées et venues autour des spectateurs, il fit les gestes d'une femme allant querir de l'eau à la rivière, filant du coton, pilant du piment, moulant la farine et vaquant aux soins du ménage. Chacun comprit alors que le voleur était une femme. Mais la surprise fut à son paroxysme lorsqu'il se précipita sur la femme même du volé et la secoua brutalement, la désignant, au milieu des huées de l'assistance, à la vindicte de son mari.

C'est l'hypnotisme mis au service de dame Thémis.

L'entourage de l'empereur est nombreux. Le chef actuel de sa cour, sorte de grand chambellan, est un guerrier tueur 'd'éléphants : le liké Mekouas Abato ; c'est lui qui, dans les expéditions, se tient — poste peu enviable — sous le parapluie écarlate, brodé et frangé d'or, trompant les ennemis, qui dirigent leurs balles sur lui, pendant que Sa Majesté est confondue parmi ses généraux.

Il partage d'ailleurs cette charge avec le liké Mekouas Adeno. Le jour où l'empereur reçoit officiellement quelque roi tributaire, ces officiers se placent de chaque côté de leur souverain, vêtus identiquement, habits de soie et de velours brodés, manteau royal en velours cramoisi brodé d'or et garni de fourrure : la couronne d'or au saint Georges d'émail le distingue de ses deux acolytes. Sous la couronne, le Négous ne peut parler. Cet usage est-il dû à la solennité de la chose ou au poids phénoménal de la couronne qui empêcherait Sa Majesté de desserrer les mâchoires? Toujours est-il que, lorsque Sa Majesté désire répondre aux paroles de paix que lui apportent ses

LE LIKÉ MEKOUAS ABATO
GRAND CHAMBELLAN.

tributaires, un des deux liké Mekouas lui retire, sur un signe, les attributs gênants de sa grandeur.

Les favoris sont : le général Tessamma, cousin de la reine, le grasmatch Joseph Négoussié, qui suivit en 1880 le ras Makonnen en mission en

Italie, et qui parle très bien le français, puis le *begironde* Baltcha, intendant général, eunuque et général d'artillerie. A ces trois emplois, dont l'un n'est pas dû à la faveur, il ajoute celui de gardien des trésors impériaux, et dans cette fonction il faut reconnaître que ses rapports avec les Européens ne sont rien moins qu'agréables. La cour comprend en outre un secrétaire, garde du sceau impérial, le chef des marchands, le chef des *azages* (intendants), le chef des *baldaras* (écuyers), et les *balamouanes*, fils des grands personnages que Sa Majesté garde au palais tant comme pages que comme otages déguisés, lorsqu'elle confie à leurs pères des gouvernements de province, etc.

Le ras Dargué, oncle de l'empereur, est fort écouté et donne au palais des conseils toujours salutaires. C'est la Providence des Européens.

Il n'y a pas à proprement parler de hiérarchie militaire. Le Négous nomme les favoris : général de l'aile droite, général de l'aile gauche, d'avant-garde, etc. Il leur donne le gouvernement de provinces plus ou moins importantes, suivant les services rendus; un général gouverneur d'un pays, après de très grandes preuves de dévouement à la cause impériale, est nommé ras.

Les tributaires de Sa Majesté viennent tour à tour

camper à Addis-Ababa pour apporter leurs impôts.

Ce sont : le roi du Godjam, Taclaïmanot ; le roi de Djimma, Abba Djiffar (le dernier des rois marchands d'esclaves) ; le ras Makonnen, gouverneur du Harrar ; le ras Mangacha, fils de feu l'empereur Jean et petit-fils de l'empereur Théodoros, gouverneur du Tigré ; le général Guebré Esguère, gouverneur de Léka, le pays des mines d'or ; le ras Mikaël, gouverneur des pays Ouollos ; le ras Ollié, frère de l'impératrice ; les ras Aloula, Oueldgorguis, etc.

Le général Guebré Esguère, pour n'en citer qu'un, apporte annuellement dans la caisse impériale 20 kilogrammes d'or et 3 000 kilogrammes de dents d'éléphants.

Dans l'enceinte du palais se trouvent quelques bâtiments séparés, tels qu'une chapelle et le *gouada*, dépôt de tous les trésors de l'empereur, gardés par des eunuques rébarbatifs. Là s'entassent les habits de Sa Majesté à côté de harnais du pays, des boucliers garnis d'argent, des vêtements de cérémonie des gens du palais, des fauteuils en peluche, des couronnes d'or ou d'argent, tandis que dans un coin les cadeaux des souverains amis du Négous offrent leurs écrins à la poussière : on voit pêle-mêle services de Sèvres bleu de roi, orfèvrerie en Toula, armes précieuses, à côté de bibles abyssines enluminées, des instruments d'optique et de chirurgie, de vieilles chaussures éculées, des stéréoscopes avec vues des monuments d'Europe et portraits des étoiles chorégraphiques des bals de nuit de Paris, des décorations de la couronne d'Italie, etc....

Plus loin et près du Saganet se trouve l'Adérache, vaste hall servant de salle de réception ou de salle à manger les jours de grands festins, qui se nomment *guébeur*, et qui ont lieu deux ou trois fois la semaine.

Sa Majesté entre dans l'Adérache avec les intimes de son entourage et mange à l'antique, couché sur un vaste divan surélevé, recouvert de lourds tapis et de coussins de soie, sous un baldaquin en bois peint, garni d'étoffes aux tons criards. Sa nourriture, contenue dans une corbeille ornée de pendeloques de verre et de métal, est placée devant lui sur un guéridon.

A quelques mètres de son divan, des tissus de gaze sont tendus, enfermant un espace réservé.

Les favoris entourent l'empereur, attentifs à ses moindres gestes, le cachant aux regards profanes avec leurs toges dès qu'il lui prend envie de boire, de tousser, d'éternuer ou de se moucher.

L'empereur ayant commencé son repas, l'azage de service fait entrer dans la salle les ras et les grands prêtres, quelques minutes plus tard arrive une seconde fournée de convives, composée des généraux et des personnages importants, parmi lesquels les Européens qui se trouvent à ce moment au palais.

On s'assied par terre « en tailleur » sur des nattes ou des tapis, par groupes de trois ou quatre, et plus ou moins près du Négous suivant son rang à la cour.

Une troisième et une quatrième fournée de convives entrent, puis une cinquième, qui se tient debout le long des murs.

Enfin on tire les voiles de gaze, et la foule des officiers de la suite de l'empereur, des généraux ou des grands seigneurs se précipite dans la salle pour prendre part au festin.

Les hommes de service, le torse nu, apportent devant chaque groupe des corbeilles garnies de pain et d'aliments; les cornes de boisson circulent, les quartiers de bœuf cru portés par des domestiques sont déchiquetés par chaque convive.

Ce dernier mets se nomme *brondo*, et peut s'intituler le plat national de l'Éthiopie.

L'ingestion de viande crue encore palpitante, assaisonnée de poivre et de piments, explique pourquoi les Abyssins ont tous des tænias pour commensaux intérieurs. Élisée Reclus dit qu'ils préfèrent en être incommodés plutôt que de renoncer à leur savoureux brondo. Mais le remède est près du mal, car le kousso est un arbre qui pousse abondamment en Éthiopie. Une fois par mois, chaque Abyssin ingurgite de la graine de cet arbre, remède violent, qui le débarrasse pour quelques semaines de son hôte intestinal.

Le Négous, lorsqu'il veut distinguer quelqu'un, lui envoie quelque bribe de son repas, qu'un domestique apporte dans le creux de sa main. Insigne honneur qui fait parfois bien des jaloux!

Pendant le repas, un *asmari*, troubadour africain, improvise, en s'accompagnant sur un instrument monocorde, des louanges au Négous; le repas fini, quelques musiciens soufflent dans des trompettes en bambou, d'autres raclent de primitifs instruments à cordes pendant qu'un chanteur psalmodie d'une voix de fausset des litanies qui dominent le murmure, pourtant bruyant, des conversations.

Les jours de fête religieuse, les prêtres, égayés par les fumées de la boisson, hurlent au son de grands tambours d'argent et dansent des cancans échevelés.

Après les repas, l'empereur tient audience.

Ménélik est très matinal. A peine le jour levé, il

LE NÉGOUS DIRIGEANT DES TRAVAUX DE DRAINAGE.

sort de son appartement, et rôde dans les cours du
Guébi, entouré de ses favoris, toujours sous son ombrelle rouge, que porte l'un d'eux. Il va et vient,
constamment occupé à surveiller quelques travaux.
montage de scies mécaniques, pose de conduites
d'eau, réparation de pièces d'artillerie ou de fusils,
confection de colliers de mulets et de boucliers
garnis d'argent qu'il distribue comme récompense.

D'autres jours il surveille les plantations de ses
jardins, où poussent des légumes dont les graines
ont été nouvellement apportées de France.

L'empereur est d'une activité infatigable ; lorsqu'il
surveille des travaux de construction, de canalisa-
tion ou de barrage d'une rivière et qu'on a besoin
de pierres, il descend de son mulet et, donnant
l'exemple, en porte une à l'endroit voulu. Aussitôt
toute sa suite, favoris, courtisans, généraux, juges,
prêtres, jusqu'au dernier des domestiques, fait de
même : chacun apporte sa pierre, et le nombre dépasse bientôt celui qui est nécessaire.

II

La langue usuelle en Éthiopie est l'amharique, qu'il
ne faut pas confondre avec le guèze ecclésiastique,
employé seulement par les prêtres et par les savants.

Le guèze paraît, du moins à ce que prétendent les linguistes, se rapprocher de l'hébreu et de l'arabe. L'amharique descend du guèze, s'il faut en croire les savants qui se sont spécialement occupés de l'étude des langues orientales, mais forme néanmoins une langue très distincte.

L'alphabet amharique ou abyssin se compose de 33 lettres; chacune d'elles forme 7 caractères différents, plus vingt diphtongues, ce qui fait donc 251 caractères. Presque chaque caractère donne une syllabe, ce qui rend l'orthographe facile à apprendre.

Il n'y a pas de littérature proprement dite en Abyssinie, à moins de compter comme telle les chants guerriers que les chantres abyssins, comme les troubadours du moyen âge, psalmodient à la fin des repas, s'accompagnant sur des instruments monocordes qui rendent nerveux les gens les plus calmes.

Les grands personnages ne savent pas écrire. Ils traînent toujours à leur suite un ou plusieurs secrétaires, bambins généralement instruits par les prêtres.

Chaque seigneur possède un sceau grossièrement gravé sur cuivre, qu'il appose à la fin de ses lettres. Le Négous et les évêques ont seuls le privilège de mettre leur cachet au commencement de leurs missives.

Celles-ci commencent toujours par les formules de politesse. Je citerai une lettre que m'a remise le Négous au moment de mon départ du Choa pour annoncer au ras Makonnen que je devais passer par le Harrar et qu'il était inutile de visiter mes bagages à la douane :

D'abord le cachet aux armes du Négous.

« Envoi du Négous, roi d'Éthiopie, au ras Makonnen. Comment vas-tu? Moi, je suis en bonne santé, grâce à Dieu.

« Monsieur Vanderheym retourne dans son pays. Il m'a dit n'avoir avec lui que sa malle pour effets, et qu'il n'avait pas de marchandises. Laisse-le passer.

« Écrit à Addis-Ababa le 22 février 1887 (style amharique). »

Ménélik possède des enveloppes à ses armes gravées en or, mais les messages abyssins sont généralement pliés menu et envoyés à leur destinataire par courrier, enveloppés dans un chiffon de linge trempé dans de la cire pour le rendre imperméable.

Pour la lecture des lettres, les seigneurs appellent leurs secrétaires, qui naturellement sont au courant de tout ce qui se passe.

Les fêtes religieuses sont fort nombreuses et correspondent toujours à un jour de jeûne.

Outre les dimanches, qui sont un prétexte pour les Abyssins de se livrer à leur occupation favorite, la paresse, il y a chaque mois une quinzaine de jours fériés. Ce sont les Sainte-Marie, Saint-Taclaïmanot, Saint-Jean, Saint-Abbo, Saint-Michel, Saint-Emmanuel, Saint-Georges, la fête du Sauveur, etc.

La Mascale ou fête de la Croix est la plus grande fête annuelle, il y a cérémonie au Guébi. Le clergé sort en costume d'apparat, on tire le canon, etc. Les vassaux du Négous, gouverneurs de province, viennent généralement pour ce jour-là à la résidence impériale. C'est aussi le moment des règlements de comptes de fin d'année entre seigneurs et négociants.

Le jour de la « flagellation », les partisans des chefs se rendent chez leurs voisins, pour leur demander à manger. Il est d'usage de leur donner du pain ou de quoi en acheter. Mais, le soir de ce jour, les esprits sont échauffés par le tetch que l'on boit dans ces visites. Il s'ensuit des bagarres, et souvent la maison d'un chef un peu avare est le théâtre d'un siège en règle, qui finit par du sang versé de part et d'autre. Le caractère querelleur et batailleur des Abyssins se plaît à ce genre de luttes.

III

Quelques semaines après mon arrivée au Choa, le roi de Djimma vint avec tout son monde d'officiers et de marchands; il établit son campement sur une vaste plaine d'Addis-Ababa, sa tente dominant les autres.

Les négociants européens ont coutume d'aller lui rendre visite pour lui offrir des marchandises. Il les traite très bien et les a en grande estime. Son campement est des plus intéressants, car les gens de Djimma sont très commerçants et travaillent malgré le peu de ressources qu'offre leur pays.

Ils ont de fort bons chevaux, qu'ils vendent environ 20 thalers (50 fr.), des torches en cire (fort utiles pour la route), des toges assez bien tissées en laine de couleur, du tabac qu'ils cultivent et qu'ils préparent convenablement en gros câbles, des poignards bien façonnés à manches en cuivre de différents tons, des gobelets en corne. Ils chassent l'éléphant et ne manquent jamais d'ivoire, non plus que de civette. Là ne s'arrête pas leur commerce : la traite des esclaves se fait également, mais en cachette, par crainte du Négous, qui a rendu maints édits de prohibition.

Lorsqu'on se promène dans le campement d'Abba-Djiffar, quelque marchand vient à vous à la tombée de la nuit et, sous le prétexte de vous mener voir des étoffes, vous fait entrer dans sa tente, écarte ses familiers qui font le guet au dehors et vous propose des petits garçons ou des petites filles, qu'il cède en échange de quelques thalers.

HADA GHIBÉE, JEUNE ESCLAVE GALLA.

Nous nous promenions avec M. X... autour des tentes, marchandant des poignards et des toges tissées de fils multicolores, lorsqu'on vint nous offrir une petite fille.

Nous entrâmes dans la tente du marchand. On nous présenta l'enfant, qui vint à nous à moitié nue, l'air abruti, maigre. Après l'avoir auscultée et vérifié l'état de sa mâchoire pour voir si elle était saine et bien conformée, comme font les maquignons à la foire aux chevaux, M. X... conclut l'affaire pour 17 thalers (environ 42 francs) et emmena chez lui la jeune Hada Ghibée dans son costume national : un chiffon grossièrement tissé autour des reins, une peau nouée sur les épaules. Je ne manquai pas de la photographier le lendemain.

On nous présenta également des petits garçons pour une dizaine de thalers. J'allais en acheter un à titre de curiosité et pour avoir la preuve vivante que la traite des noirs existait encore en Abyssinie, mais je dus sortir de la tente, écœuré, le frère du gamin en question pleurant à fendre l'âme parce qu'il allait être séparé de lui.

Le 9 juin de cette année (1894) nous assistâmes au palais à une des plus belles cérémonies que l'on puisse voir au Choa : la visite au Négous du fameux ras Mangacha, gouverneur du Tigré et par conséquent adversaire direct du général italien Baratieri en Erythrée.

De même que les photographes aux grands enterrements à Paris, nous étions sur pied dès l'aurore, le docteur Traversi et moi, braquant nos objectifs de tous côtés, prenant des groupes de fantassins ou d'artilleurs. J'eus même l'idée de réunir trois sol-

dats que j'avais trouvés disséminés parmi les troupes
impériales et coiffés de casques de gardes munici-
paux parisiens.
Rien n'était plus
drôle et plus gro-
tesque que ces mo-
ricauds.

Dès l'aurore
toutes les troupes
du Choa étaient

L'ARTILLERIE DU NÉGOUS.

ARRIVÉE AU GUÉBI D'ADDIS-ABABA DU RAS MANGACHA.

groupées autour et dans les cours du palais.

De près, le soldat semble sale et risible, enveloppé d'oripeaux voyants, habillé de chemises à tons criards, d'étoffes à rideaux ou de soieries Pompadour; lance ou fusil au poing, bouclier au bras, sabre au côté; avec les coiffures les plus hétéroclites : couronne d'argent ou de cuivre, bandeau de mousseline ou de satin de couleur, chapeaux de feutre ou de paille à formes extravagantes.

Deci delà le drapeau national déploie ses trois flammes, verte, rouge et jaune, fixées à une mauvaise hampe de bois à peine dégrossi.

Le Négous possède une quarantaine de petites pièces de montagne hotchkiss. Il en cède aux rois tributaires ou aux ras bien en faveur, mais ceux-ci n'en peuvent posséder que deux, sauf le ras Makonnen, qui doit en avoir une dizaine. Ménélik en outre est possesseur d'une demi-douzaine de mitrailleuses à cartouches Gras.

L'artillerie seule semble porter un uniforme : ceints d'un bandeau d'andrinople roulé en saucisson sous une calotte verte, les canonniers se tiennent auprès de leurs pièces. Ils portent des tuniques rouges agrémentées d'ornements d'un vert épinard.

Ils étaient massés le long de la tour de l'horloge.

Des instrumentistes jetaient leurs notes stridentes,

qui formaient un ensemble des plus bruyants, mais des moins harmonieux.

A 9 heures, on apercevait, du campement des Tigréens, un grouillement indiquant que le ras Mangacha se mettait en marche. Vers dix heures il entrait au palais escorté de toutes ses troupes sans armes, entouré du clergé de son pays portant sous une ombrelle violette et or le saint sacrement. Le ras s'avançait, ayant sur l'épaule une pierre qu'il devait, en signe de soumission, déposer aux pieds du Négous.

Dès qu'il eut franchi l'enceinte du palais, tous les fusils des Abyssins partirent. C'était comme un formidable et terrifiant roulement de tambour, parmi lequel on distinguait les crépitements saccadés des mitrailleuses. Le palais fut entouré pendant un bon quart d'heure d'une opaque fumée, et l'odeur de la poudre semblait griser les Abyssins, qui poussaient des cris de joie en élevant de tous côtés leurs armes, dont l'acier piquait de points étincelants les masses multicolores.

Le Négous reçut le ras dans la salle de l'Adérache en grande tenue de cérémonie, la couronne d'or sur la tête, entouré de toute sa cour en tenue d'apparat.

Un festin suivit cette réception.

Quelques jours plus tard ce fut une autre céré-

LE COLONEL PIANO EN MISSION.

monie. On annonçait en effet l'arrivée au Choa d'un ambassadeur italien, le colonel Piano.

Nous fûmes invités par l'empereur, nous autres Européens, à aller au-devant de lui. Le 18 juin, il arriva dans la plaine d'Addis-Ababa, en grande tenue de colonel de chasseurs à cheval, colback d'astracan surmonté de l'aigrette blanche, dolman noir à ornements d'argent, culotte gris-perle à bandes d'argent. Il était monté sur un superbe mulet que le Négous lui avait envoyé, magnifiquement harnaché à la mode abyssine. Je le photographiai en petite tenue la première fois qu'il vint nous rendre visite.

Le Négous l'attendait sur une pelouse du palais, sous un abri en toile blanche. L'accueil fut d'ailleurs peu enthousiaste. Il fut suivi d'un déjeuner entre Européens où les mets les plus abyssins étaient accompagnés de vins de Sicile et de Champagne.

Quelques jours plus tard, le colonel partit, emmenant avec lui le Dr Traversi ; sa mission, disait-on, avait échoué.

On prétendait qu'il était venu proposer au Négous de renouveler le traité d'Ucciali ou, en cas de refus, déclarer la guerre. Les événements prouvèrent plus tard le bien-fondé de ces racontars.

Une cérémonie plus curieuse, et qui donne lieu à une fantasia bizarre, est célébrée lorsqu'un grand personnage revient d'une fructueuse chasse à l'éléphant. En Abyssinie cette chasse est une véritable expédition. On y va escorté de deux ou trois cents hommes. Du moment que l'animal est tué, ne fût-ce que par les soldats, ce qui est généralement le cas, c'est le chef qui en tire gloire et profit.

Un jour le liké Mekouas Abato revenait d'une de ces chasses; une cinquantaine d'hommes y avaient trouvé la mort, mais douze éléphants avaient succombé sous les balles des quatre cents partisans qui l'accompagnaient. Ce fut une belle cérémonie.

La cour d'honneur du Guébi, dominée par la terrasse du Saganet, d'où le Négous assistait au spectacle, fut balayée, ce jour-là, de bonne heure par les officiers de service, en veste de satin; avec leurs badines ils rangeaient le long des murs la foule accourue.

Le liké Mekouas Abato arriva solennellement au palais, entouré de tous ses hommes. Depuis sa maison jusqu'au Guébi les fusillades redoublées annonçaient son approche.

Les soldats du héros entrèrent dans la cour d'honneur par petits groupes, précédés de leurs chefs et vêtus de soieries multicolores. Chaque cohorte portait, en guise de fanion, une queue d'éléphant fixée à une hampe. Ils s'avançaient en dansant, vociférant

RETOUR D'UNE CHASSE A L'ÉLÉPHANT.

leurs cris de guerre, et déchargeant sans cesse leurs fusils. Arrivé aux pieds de l'empereur, chaque soldat se prosternait et baisait la terre. Les danses et les cris redoublaient.

Au milieu de ce vacarme apparut le liké Mekouas sur un cheval piaffant, harnaché d'argent et caparaçonné d'étoffes éclatantes ; il sauta lestement à terre et se présenta devant le Négous, qui le complimenta.

Il était suivi de soldats à la file indienne, qui, deux par deux, apportaient à Ménélik les vingt-quatre défenses, dépouilles de ses victimes.

A ce moment, les chants reprennent de plus belle, accompagnés cette fois par les spectateurs, qui joignent leurs cris aigus aux hurlements gutturaux des soldats. Les officiers du liké Mekouas esquissent entre eux des simulacres de combat et se précipitent en masse, courbés, le fusil ou la lance au poing, vers un éléphant imaginaire. Un *guébeur* suivit naturellement cette fête.

IV

En 1894, je passai la saison des pluies seul à l'agence avec Mme Stévenin.

En effet tous les Européens avaient quitté Addis-Ababa : M. Savouré faisait route pour l'Europe ainsi que M. Ilg, qui emmenait avec lui le fils du ras

Dargué, liedj Gougsa, le fils d'un des azages de l'impératrice et Ato Affwork son gendre, afin de les mettre tous trois dans un collège à Neuchâtel, en Suisse. Ce sont eux qui soulevèrent en janvier 1896 l'incident dit : l'enlèvement des princes abyssins.

Stévenin et Trouillet étaient partis pour l'Aouache, où ils devaient monter un pont en fer pour remplacer le pont de bois qui existait sur la route du Harrar. M. Capucci seul séjournait dans la capitale.

A cette époque de l'année les Abyssins restent dans leurs provinces et ne viennent à Addis-Ababa qu'après la mauvaise saison.

La cour seule séjourne dans la capitale, mais les fêtes sont rares et les guébeurs peu suivis.

Un samedi d'août de cette année, l'empereur Ménélik fit annoncer au son du tambour, sur la place du grand marché hebdomadaire, qu'aucun domestique homme ou femme, qu'aucun soldat ne devait quitter son chef. Il ordonna aussi que chacun préparât ses provisions et ses équipements, afin d'être en état de partir pour une expédition chez les Oualamos.

Les généraux qui devaient se joindre à lui, tels les ras Mikaël et Oueldegorguis, furent prévenus.

En l'année 1890, un certain ras Mangacha, gouverneur des pays Aroussi (qu'il ne faut pas confondre avec le ras du Tigré), avait essayé, à la tête de troupes abyssines, mais sans aucun succès, de s'emparer du Oualamo.

Une expédition tentait l'empereur, non seulement pour réparer cet échec et pour tenir ses troupes en haleine, mais encore parce qu'il aime l'activité et désirait voir ce pays qu'on disait beau et fertile.

De plus, de nombreuses escarmouches que les Gallas du Oualamo avaient constamment avec les soldats des pays limitrophes menaçaient de devenir plus sérieuses. Enfin l'empereur n'était pas mécontent de se faire payer de nouveaux tributs pour couvrir ses dépenses d'armement, qui augmentent d'année en année.

Pendant trois mois chacun se prépara en vue de cette campagne, et, les premiers jours de novembre, on s'aperçut que le départ approchait.

La ville d'Addis-Ababa prenait en effet un air d'activité inaccoutumée. Les généraux venaient se joindre au Négous.

On n'attendait plus pour se mettre en marche que le ras Mikaël, qui devait, avec ses 10 000 hommes, former l'avant-garde.

Ce général gouverneur des pays Ouollo-Gallas, gendre de Ménélik quoique mahométan, est un grand exportateur d'esclaves; les nombreux convois de chair humaine arrêtés souvent dans la mer Rouge par les croiseurs anglais ou turcs et à destination du Yémen proviennent du Ouollo.

Enfin il arriva le 1er novembre.

Le lendemain, une interminable file de femmes à pied, portant sur leur dos des *gombots* de boissons, de miel ou de beurre, prenaient la route du premier campement, précédées de bœufs et de moutons. Mais c'est seulement le 15 novembre qu'on apprit que le Négous s'était décidé à partir, malgré la vive opposition de l'impératrice Taïtou et des vieux conseillers de son entourage.

Quelques semaines auparavant, le grasmatch Joseph était venu de la part de l'empereur me « prier » de l'accompagner ; je devais lever le plan de la route, qui promettait d'être intéressante, disait-il, nul Européen n'ayant encore traversé ce pays. Je fus forcé d'accepter.

Pour me faciliter le voyage, le Négous me promit que mon campement serait à côté de celui du grasmatch Joseph Négoussié. Ce général parle admirablement le français, comme je l'ai dit, et sert d'interprète au palais. Ses services coûtent cher aux Européens qui les utilisent, mais au moins ses traductions sont intelligemment faites quand il veut. L'autre interprète du Négous est Ato Gabriel, dont l'aspect faux et rampant fait de suite deviner le caractère retors. Il s'adonne à l'absinthe, ce qui n'est pas pour peu dans la figure de brute qui le caractérise. Le Négous d'ailleurs l'a en petite estime.

Quoiqu'on l'ait prétendu, Ménélik ne parle ni ne comprend aucune langue européenne.

Je connaissais peu la langue amharique, juste assez pour donner des ordres à mes domestiques; j'étais donc content que ma tente fût à proximité de celle du grasmatch. C'est un homme intelligent, c'est grâce à lui que j'ai pu avoir la plupart des notes et renseignements que j'ai pris dans ce voyage.

L'empereur lui avait donné l'ordre de se mettre à ma disposition. Il savait que je devais faire des photographies et parut heureux lorsque je lui dis qu'au retour je publierais l'histoire de cette expédition. Il me dit de ne pas le quitter pendant les marches, afin de voir de près et de ne pas être par trop bousculé.

Il m'avait autorisé à fouiller dans le Gouada, où j'avais pu découvrir, parmi un amoncellement d'instruments hors d'usage, un baromètre horométrique, une boussole et une boîte de compas.

Lorsqu'on traverse le pays d'un gouverneur, celui-ci est obligé de fournir des vivres au Négous tant qu'il se trouve sur son territoire.

Les routes en pays éthiopiens étaient préparées par les paysans : arbres déracinés, coupés ou brûlés, herbes incendiées, rivières comblées pour faire un gué, accidents de terrain grossièrement nivelés. Mais en pays ennemi, c'est autre chose, et les soldats sous l'œil du Négous font eux-mêmes le chemin, ce qui retarde la marche. On s'arrête souvent des heures pour aplanir les passages difficiles. Chacun apporte qui sa pierre, qui sa branche d'arbre, des bottes d'herbe ou des mottes de terre, l'empereur tout le premier.

Le Négous est précédé d'une trentaine de *tabarits* ou timbaliers montés, ayant de chaque côté de l'encolure de leur mulet ou de leur cheval une grosse et une petite caisse sur lesquelles ils frappent en cadence avec des baguettes en bois coudé. Quelques trompettes lancent de temps en temps leurs sons aigus.

Derrière ces musiciens, qui ne cessent de jouer tandis qu'on chemine, une légère avant-garde de cavaliers précède le Négous. Celui-ci porte le même costume qu'en ville, et monte de superbes mulets richement caparaçonnés qu'il change toutes les deux heures. Près de lui se tient quelque général ou l'*affanougous* (chef de la justice) ; deux pages à pied semblent le soutenir sur son mulet. Son écuyer,

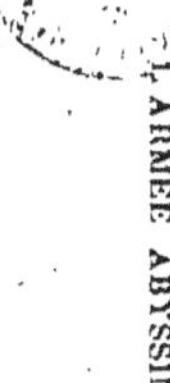

L'ARMÉE ABYSSIN

qui porte son fusil et son bouclier recouverts d'étoffe jaune à grands ramages bleus et verts, suit et sert de guide à toute l'escorte de Sa Majesté, qui se meut pêle-mêle dans un désordre indescriptible.

On comprendra facilement ce que peut être une marche dans ces conditions, lorsqu'on saura que chaque chef, de quelque importance qu'il se croie, est précédé d'un page loqueteux, tenant en main un cheval étique, dont la selle plus ou moins garnie d'ornements d'argent est cachée sous une housse en andrinople. Ces chevaux ne sont montés qu'au moment du combat. De plus chaque officier est suivi de plusieurs soldats et d'un porte-bouclier chargé des objets indispensables à son maître : petit panier contenant quelques provisions de bouche pour les haltes, gobelet à boire, vaste corne de tetch et livres de prières, — tous ces objets recouverts de chiffons préservateurs.

Je formai pour moi une petite escorte de douze hommes et deux boys, dont chacun à tour de rôle me servait d'écuyer, portant mon fusil et mon superbe bouclier garni d'argent, présent du Négous. J'emmenais également avec moi deux femmes pour faire ma cuisine et celle de mes hommes.

L'une d'elle, Oueletagorguis (Georgette), devait s'occuper spécialement de ma nourriture. Elle montait un mulet et cheminait d'étapes en étapes, la figure voilée sous une ombrelle noire. L'autre, de moindre condition, faisait la route à pied. Dès l'arrivée au bivouac elle s'en allait couper du bois, chercher de l'eau. Mais quelques semaines après, elle était aidée dans sa tâche par les esclaves que je rapportai au Choa.

J'avais comme cavalerie deux mulets de selle, six mulets de charge pour ma tente, mes malles et mes vivres. Mes douze hommes étaient armés de fusils Gras avec cent cartouches par homme, soit quatre-vingt-douze de plus que n'en avaient les soldats abyssins !

Pendant les routes je gardais un boy et deux soldats; le reste marchait en arrière avec mes bagages et arrivait au campement quelques heures après moi.

J'emportai mon express-détective Nadar, qui par son petit volume et son maniement facile me rendit les plus grands services, laissant à Addis-Ababa mes appareils plus volumineux.

L'armée (si l'on peut appeler ainsi ces bandes désordonnées) manque totalement d'organisation et de discipline. Les hommes n'ont qu'un but, suivre leurs chefs et ceux-ci un but également : suivre le Négous.

C'est une multitude portant fusils, lances, bâtons, boucliers, bois de tente, les uns à pied, d'autres à mulets ou à cheval, d'autres encore tirant leur monture par la bride.

De plus chaque soldat, cavalier ou fantassin, porte plaqué au côté droit un long sabre souvent recourbé en cimeterre dont le fourreau de cuir usé laisse passer la pointe. On manque à chaque minute d'être blessé ou d'avoir les yeux crevés par les piques et les lances tenues en tous sens.

Des milliers d'ânes, de mulets et de chevaux chargés de provisions, des kyrielles de femmes à pied en file indienne, portant de grands pots de tetch, de miel et de beurre, encombrent la route. Çà et là quelque grande dame, la figure voilée, se remarque au milieu des cavaliers sous une ombrelle noire, à califourchon sur un mulet.

Cette fois, l'impératrice Taïtou n'avait pas voulu suivre son auguste époux : peu de grandes dames suivaient donc les armées.

De tous ces *impedimenta*, il résulte un tel encombrement et un tel tohu-bohu dans la marche, que les étapes sont pénibles et semblent interminables. Pour me retrouver au milieu du campement, j'avais fait coudre sur ma tente une bande d'étoffe rouge, suivant l'exemple des Abyssins, qui ornent les leurs d'étoiles, de cercles ou de raies de couleurs éclatantes.

Avant de se mettre en campagne, le Négous assigne aux principaux généraux les places qu'ils doivent occuper au bivouac. Quoique chaque campement parte l'un après l'autre et sans aucun ordre, on se retrouve pourtant toujours aux haltes dans la position réglée par le protocole.

Dès qu'un chef est installé, ses hommes confectionnent à la hâte un abri, une petite tente ou quelque hutte en herbes ou en feuilles de *cobas*. Les femmes, elles, vont à la rivière, y puisent de l'eau, ramassent du bois pour le feu et s'occupent du ménage. Deux heures après l'arrivée au gîte, il s'élève une ville en miniature.

Quand le Négous a jugé l'étape suffisamment longue, il fait dresser une tente d'andrinople, puis explore les environs, afin de laisser à ses bagages le temps d'arriver. Chaque tente impériale est surmontée de trois flammes aux couleurs abyssines. L'une d'elles est énorme et permet de donner des guébeurs. Elles sont toutes comprises dans une enceinte en toile haute de 2 mètres formant haie. Aux ouvertures des gardiens sont placés.

Les cérémonies, du reste, ont lieu comme au palais. Le Négous m'ayant promis de me nourrir, afin que je n'eusse pas trop de mulets de charge à ma suite, je dus tous les jours déjeuner au Guébi et faire connaissance avec le brondo, qui devint mon principal aliment. Le soir on m'apportait des vivres : galettes de pain, sauces abyssines et tetch. Les azages du Négous avaient d'ailleurs l'ordre de ne me laisser manquer de rien et m'approvisionnèrent amplement pendant la durée du voyage de moutons et de quartiers de bœuf, que Oueletagorguis accommodait tant bien que mal à l'européenne.

V

Le Négous partit le 15 novembre à l'aurore; chacun se hâta de le suivre, afin de le rattraper au premier campement, moi tout le premier, qui n'avais garde de rester en arrière parmi l'encombrement des retardataires, des bagages et des femmes.

Le 16, nous traversions le fleuve Aouache sur un pont en bois solidement construit par MM. Ilg et Capucci. Le gros de l'armée passa la rivière à gué un peu plus haut.

Pendant que l'on dressait les tentes impériales, le Négous eut l'idée de pêcher; il lança dans le fleuve quelques cartouches de dynamite : aussitôt des masses de poissons étourdis par le choc pré-

sentèrent à l'air leurs ventres argentés, mais replongèrent bientôt. Ils étaient perdus si des nageurs n'eussent été assez habiles pour les saisir et les apporter aux pieds de Sa Majesté.

Le lendemain nous arrivâmes en pays Couragué.

Les habitations de cette province sont pour ainsi dire perdues dans les plantations de *cobas*. Cette plante ressemble beaucoup au bananier, elle se com-

TRAVERSÉE DE L'AOUACHE PAR L'ARMÉE DE MÉNÉLIK.

pose d'une dizaine de feuilles qui atteignent 5 à 6 mètres de hauteur.

Les Couragués se nourrissent de sa pulpe, dont ils font des galettes, fort mauvaises d'ailleurs. Ils cultivent également le tabac, qu'ils fument dans des courges desséchées, emmanchées de tuyaux de bambou. En Abyssinie, au contraire, il est défendu de fumer, depuis qu'un plant de tabac a été trouvé sur la tombe de l'empereur Jean. Il est bon d'ajouter que cette interdiction n'empêche pas de priser.

Les Couragués cultivent aussi une pomme de terre allongée. Elles n'ont pas mauvais goût, et je fus assez content d'en manger une bonne friture.

Les Couragués sont pauvres et misérables : les hommes, à moitié nus, se couvrent de peaux et se coiffent de bonnets pointus en peaux de chèvre. Les femmes, par leur chevelure touffue qui ressemble à des bonnets à poil, ont un aspect très original; elles ont de nombreux bijoux d'étain garnis de verroterie.

La saison des récoltes achevée, les Couragués se rendent au Choa et se louent à la journée comme manœuvres, terrassiers ou laboureurs. Les hommes sont très maigres, vu la nourriture peu substantielle qu'ils absorbent. Les femmes sont souvent fort jolies, et leur teint clair les fait choisir de préférence par les

Européens qui séjournent en Abyssinie. Les enfants qui naissent de ces unions sont presque blancs, mais on a remarqué qu'ils héritent des défauts des deux races sans en prendre les qualités : ils sont menteurs et voleurs, et malgré toutes les bontés que l'on peut avoir pour eux il est impossible d'en faire de bons sujets. Nous avons employé à l'agence le fils d'un Suisse et d'une Couraguée. Élevé dans un collège à Zurich, il a dû être réexpédié dans son pays natal par la famille de son père défunt; il n'est pas de forfait dont il ne se soit rendu coupable.

Le général Guébéié, gouverneur des pays couragués, rejoignit l'armée du Négous à Condaltiti et apporta une jeune lionne de quelques semaines. De retour à Addis-Ababa, Ménélik fit don de ce fauve à M. Chefneux, qui l'envoya à Paris en juillet par le paquebot que je pris moi-même. Elle dépérit pendant la traversée et mourut quelques semaines après son arrivée au Jardin des Plantes.

Ce dimanche-là, jour où d'ailleurs on ne fait aucune étape, le *fitorari* (général d'avant-garde) Guébéié fit défiler devant les tentes impériales six cents paysans, la plupart nus, qui portaient à l'empereur des galettes de pain, du miel, du beurre, du tetch, du grain, et traînaient de nombreux bestiaux. Naturellement un immense guébeur s'imposait.

FEMMES COURAGUÉS.

Nous traversâmes ensuite la province très boisée de Marocco.

Le 22 novembre, un incident se produisit. A l'arrivée sur les rives du lac Selti, quelqu'un ayant apporté au Négous un gobelet d'eau pour montrer qu'elle était salée, on dut rétrograder à deux heures de là pour en trouver de potable. Ce n'était pas une chose facile que de faire faire demi-tour à l'armée en marche.

Le 23 novembre, nous campions au pied des monts Ourbaragué, dans la province du même nom. Tandis que nous y étions, nombre de gazelles et de zèbres sortirent des taillis. Cela donna lieu à des semblants de chasse à courre, les cavaliers les poursuivant et les attrapant à coups de lance.

Le 26 novembre, nous arrivâmes dans le pays du dedjasmatch Béchat, cousin de l'empereur. Les prêtres de cette province reçurent le Négous en costumes bizarres, vêtus d'oripeaux de soie, dansant et chantant. Le dedjasmatch avait fait construire une vaste hutte en branches d'environ 60 mètres de longueur sur 30 de largeur, et comme il apportait des vivres en grande quantité, on festoya pendant toute la journée.

Le lendemain nous traversâmes à gué le fleuve Ouéro et campâmes au pied du massif imposant du

Kambatta, à proximité de sources d'eaux chaudes. qui s'étendent sur un assez grand espace en une nappe bouillonnante formant d'épaisses vapeurs. Ces monts sont frontière naturelle de l'Empire Éthiopien et derrière eux se trouvait l'ennemi.

La nuit un orage effrayant, une pluie diluvienne avec accompagnement d'éclairs et de tonnerre bouleversa tout le bivouac.

Comme nous étions campés dans une vallée au pied de hautes montagnes, comme au fond de quelque gigantesque entonnoir, les tentes, dont la plupart furent renversées par le vent, semblaient perdues dans un immense lac de boue; les femmes étaient affolées; les mulets, les chevaux et les bestiaux, effrayés, s'enfuyaient de tous côtés.

Enfin, au petit jour, on put rétablir un peu d'ordre, mais il ne fallut pas songer à se mettre en route. On dut faire sécher les bagages et les tentes, nettoyer les armes, ramener les bêtes égarées et.... dévorer l'énorme quantité de vivres apportés par le dedjasmatch Tersamma, fils aîné du ras Dargué, oncle du Négous.

Ce général est le gouverneur des pays Arroussi, riches en pâturages et par cela même riches en bestiaux.

Le 30, on perdit quelques heures à combler avec

beaucoup de difficulté des tranchées creusées primitivement par les Oualamos et approfondies encore par la force des eaux pendant la saison des pluies. On s'arrêta dans la plaine de Korga, théâtre des luttes antérieures entre les Abyssins et les Oualamos.

GUERRIERS CASQUÉS.

CAVALIER CHOA AU RETOUR DU COMBAT.

CHAPITRE IV

En pays Oualamo. — La *zéréfa*. — L'invasion. — Fin de l'expédition, revue et retour à Addis-Ababa. — D'Addis-Ababa à
Djibouti par le désert.

I

LE 1er décembre, après une pénible marche de
six heures sous une pluie battante, nous campions en plein pays ennemi.

Déjà l'armée d'avant-garde du ras Mikaël incen-
diait les maisons abandonnées par les Oualamos,
qui fuyaient devant l'invasion. Pendant une halte,
le Négous, monté sur une éminence, fouilla de ses
longues-vues l'horizon.

On bivouaqua à Contala, et l'on y fit quelques prisonniers, parmi les Oualamos qui assaillaient à coups de javelines les femmes abyssines allant chercher de l'eau. Ils renseignèrent le Négous sur l'étendue du pays, les usages, la religion, et durent servir de guides pour avoir la vie sauve.

Le Oualamo est extrêmement fertile; de nombreuses plantations de dourah, de blé, d'orge, de café, de tabac, de cotonniers, de millet, entourent les agglomérations de huttes et donnent au pays un aspect riche. La végétation est abondante en figuiers, palmiers, oliviers, fusains, sycomores, etc. Les chemins, de hutte à hutte, ou de village à village, sont bordés d'euphorbes. Les rivières coulent parmi un enchevêtrement de lianes et de bambous. Les cases, en forme de ruche à miel, bien construites et proprettes, sont encombrées à l'intérieur d'objets faits par les Oualamos : de belles jarres et des tambourins en terre cuite, des ustensiles de ménage en bois ou en courge garnis de perles et de coquillages, des instruments de musique à cordes, de lourds sacs remplis de graines, des écheveaux de coton, des chapelets d'aulx et de maïs, des paquets de lamelles de fer longues d'une coudée qui leur servent de monnaie d'échange. Des aiguilles et des peignes en corne, des fuseaux à filer en bois léger et en terre cuite, prouvaient l'ingéniosité de cette peuplade. Des peaux de bêtes, gazelles, lions ou panthères, pendues à l'intérieur des huttes, indiquaient que la chasse était une de leurs principales occupations.

C'était un peuple heureux, se suffisant amplement à lui-même, vivant d'une vie biblique. Les Oualamos étaient catholiques, ce qui surprit le Négous; il les croyait mahométans et arguait de cela pour expliquer l'expédition.

On apprit que des prêtres léguaient de père en fils les traditions des ancêtres sur les pratiques religieuses et faisaient surtout observer les jours de jeûne. Des soldats du Négous prétendent même avoir trouvé au milieu d'une forêt une sorte d'église renfermant des pierres saintes.

Les Oualamos ont, ce qui fait absolument défaut aux Abyssins, le culte des morts. Les quelques tombes que j'ai rencontrées sont vraiment pittoresques : des arbres plantés à dessein et entourés d'un fossé jettent leur ombre sur un tertre où repose le mort. A l'arbre le plus proche sont suspendues les armes du défunt, si c'est un homme, ou de menus bibelots garnis de perles et de coquillages, si c'est une femme.

Les Oualamos étaient essentiellement chasseurs

et cultivateurs, ils n'étaient soldats que pour défendre leur pays. Leurs armes primitives se compo-
saient de deux javelots, l'un qu'ils lançaient, l'autre
qu'ils gardaient en main. Ils portaient à la ceinture
de lourds poignards coudés et tranchants à l'intérieur, avec une épaisse arête à l'extérieur, qui ser-
vaient plutôt de hache pour assommer l'ennemi. Les
armes des chefs étaient garnies de tortillons de cuivre
et d'étain. Quelques-uns portaient un énorme bou-

INSTRUMENT ARATOIRE ET POIGNARDS OUALAMO.

FEMME OUALAMO.

clier en peau. Les fusils qu'ils avaient pris aux
Abyssins dans leurs luttes incessantes aux frontières
étaient transformés par eux en instruments ara-
toires.

Ils chassaient l'éléphant à l'aide de pièges bien

combinés : une lance effilée et alourdie par un bloc de pierre, était placée en suspension, parmi l'enchevêtrement des branches, dans un sentier reconnu pour être le passage habituel de ces pachydermes. Lorsque l'un d'eux s'engageait sous cet appareil, il cassait de lui-même un système de ficelles qui déclenchait l'appareil. La lance, tombant à pic, blessait l'éléphant, bientôt achevé par les chasseurs qui guettaient non loin de là.

La physionomie du Oualamo ressemble plutôt à celle du Dankali qu'à celle de l'Abyssin. Les Oualamos ont la barbe rare et les traits comme taillés à coups de serpe. Ils sont en général plus noirs que les Abyssins.

On ne rencontre pas, comme parmi ces derniers, de telles variétés de nuances, provenant des croisements avec les Portugais. Aucun blanc n'avait jamais visité leur pays.

Les hommes sont revêtus d'un petit pantalon à mi-cuisse et ils se drapent un chamma autour du torse. L'étoffe de coton dont ils font leurs vêtements est grossièrement tissée dans le pays et teinte en nuances variant du rose saumon au rouge foncé, à l'aide d'écorces d'arbres.

C'est d'ailleurs la coloration générale du pays : la terre par endroits est complètement rouge.

Parmi les prisonnières ramenées au campement
du Négous, j'en remarquai peu de jolies. Elles ont
les cheveux tressés, mais non comme les Abyssines. Leur sens moral
est peu développé.
Dès le troisième jour
de leur séjour au mi-
lieu des Abyssins
elles chantaient, assi-
ses en rond autour
des foyers des vain-
queurs, de bizarres
mélopées, s'accompa-
gnant sur les tam-
bourins de terre cuite,
arrachés aux ruines
de leurs habitations.

Leur richesse con-
sistait en cultures, en
bestiaux et surtout en
esclaves, qu'ils échan-

CHEF DE TRIBU OUALAMO.

geaient entre eux. Les chefs de tribus occupaient
usqu'à cinq cents esclaves, vaincus des pays limitrophes, qu'ils troquaient contre des chevaux ou
des vaches.

Les Oualamos ont fait preuve d'une bravoure

extrême en luttant contre l'invasion des armées abyssines, et leur roi Tona ne s'est pas rendu. La guerre n'a cessé que lorsqu'il a été fait prisonnier, cruellement blessé.

Dès le soir du 1er décembre, quelques combats partiels se produisirent, et l'on vit revenir cavaliers et fantassins abyssins couverts des hardes et des armes de leurs victimes, rapportant, fixées à la baguette de leur fusil, les dépouilles des Oualamos émasculés, et vociférant, ivres de sang, la fameuse chanson tigrine :

> « Chantez, vautours !
> Vous aurez en pâture
> De la chair humaine ! »

Dès ce moment et jusqu'au massacre définitif, ces cris ne cessèrent de résonner de tous les côtés et devinrent une véritable obsession. Tous les jours et à toute heure, c'était devant la tente de chaque chef un défilé de soldats venant sur un ton arrogant crier leurs exploits.

Les combats étaient pour ainsi dire individuels : des hordes de quarante ou cinquante Abyssins allaient massacrer à bout portant des groupes de Oualamos dix fois moins nombreux qu'eux.

Aussitôt en vue du campement, ils commençaient à chanter, caracolant sur leurs montures caparaçon-

RETOUR DU COMBAT

nées de chammas couleur rouge-brique ou saumon, arrachés à leurs victimes. Une fois arrivés, les chants redoublaient. Les femmes les accompagnaient de cris stridents. Quelques jours après les premiers combats, la plupart des soldats avaient la tête couverte de beurre et une branche d'asperge sauvage piquée dans les cheveux, ce qui indiquait qu'ils avaient tué au moins un ennemi. Les morts abyssins étaient abandonnés, sauf les personnages de quelque importance, que l'on rapportait au camp. Les cris de joie étaient alors remplacés par des cris de douleur : les femmes demi-nues dansaient autour de la tente du mort en s'arrachant les cheveux et se frappant la poitrine.

II

De ce jour commença la *zéréfa*, pillage des habitations et des cultures, l'égorgement des bestiaux, le sac du pays, l'incendie. Les vainqueurs revenaient au campement avec des prisonniers, femmes et enfants, nus ou les reins garnis de feuillage, portant les produits de la razzia, poulets, choux, citrouilles, et traînant à leur suite chevaux, ânes, chèvres ou bœufs.

Le pays Oualamo est enclavé, du moins par trois

côtés, dans le territoire éthiopien ; la tactique abyssine était fort simple : elle consistait à cerner les ennemis et à les massacrer finalement au pied d'une chaîne de montagnes presque inaccessible. Ce fut d'ailleurs une suite de guerillas : chaque petit chef abyssin, combattant pour son compte avec ses hommes, partait à l'attaque quand et où bon lui semblait. La discipline abyssine est absolument nulle. Pour donner des ordres, le Négous faisait tambouriner l'après-midi devant sa tente et faisait lire des édits qui n'étaient presque jamais exécutés.

Cette expédition date parmi les guerres éthiopiennes par son horreur et la quantité de sang versé en un espace de temps si restreint. Un vieux ras, qui avait assisté à tous les combats depuis bien des années, me dit ne jamais avoir vu encore un tel massacre.

Les chiffres sont difficiles à donner. Le Négous, à qui j'avais demandé le nombre des morts, fit faire un recensement par son garde du sceau ; chaque chef disait combien de victimes avaient faites ses hommes. Finalement, j'eus le chiffre de 96 000 hommes tués et faits prisonniers, mais j'estime qu'en réduisant le nombre à 20 000, on est plus près de la vérité.

Ce fut une boucherie terrible, une débauche de

CAVALIERS ABYSSINS

chairs mortes ou vives, déchiquetées par des soldats ivres de sang. J'ai vu des endroits, qui avaient dû être l'emplacement du marché du village, couverts de cadavres dépouillés de leurs vêtements et mutilés d'une façon affreuse. J'ai vu des Abyssins escortés de chapelets de prisonniers, femmes et enfants, faisant porter à ceux-ci les dépouilles sanglantes de leurs maris ou de leurs pères. J'ai vu, et le Négous dut faire un édit pour empêcher ces atrocités, des soldats abyssins arracher des enfants à la mamelle et les jeter dans les champs, afin d'alléger la mère d'un fardeau qui l'aurait empêchée de continuer la route jusqu'au pays.

Quand un Abyssin rencontrait un de ses amis, il l'interrogeait : « Combien as-tu tué? Moi tant », et l'autre répondait en lui indiquant le nombre de victimes tombées sous ses coups. Quand le chiffre paraissait exagéré, il demandait : *Menélik i'mout?* (par la mort de Ménélik?) et l'interlocuteur jurait par la mort du Négous qu'il ne mentait pas.

Le nombre des bœufs capturés fut énorme, et à chaque pas les mulets trébuchaient sur des cadavres humains, ou bien sur des bestiaux que les Abyssins avaient commencé à manger, tout pantelants, avant de porter plus loin leur œuvre de destruction.

Je ne pus empêcher mes hommes de combattre et mon campement s'accrut, au bout de peu de temps, de douze bœufs et vaches, de quelques chèvres et de onze esclaves, femmes et enfants. Selon la coutume abyssine, je pris ma part et conservai pour moi cinq esclaves. Je dus faire ficeler sur un

PRISONNIERS OUALAMOS.

cheval, acheté à cette intention, un petit prisonnier de trois ans que je tenais à ramener au Choa. Il était très affectueux et semblait reconnaître les soins que je prenais de lui. Je le faisais manger sur mes genoux lorsqu'il était fatigué; je lui apprenais quelques mots de français. Il savait très bien dire, par exemple : « Bourrique! » et « vilain animal! » à son cheval, quand il n'avançait pas. A mon retour

en France, je le confiai à M. Savouré, qui devait
rester encore quelque temps au Choa.

Les femmes oualamos montrèrent une énergie
rare, excitant leurs maris à la résistance. Elles leur

OUALAMOS FAISANT LEUR SOUMISSION.

défendaient de porter leurs petits pantalons autrement qu'en ceinture roulée autour des reins avant
d'avoir tué un ennemi, car ils n'étaient pas dignes,
disaient-elles, de porter un vêtement masculin.

Dans les luttes individuelles, les hommes qui
ne voulaient pas se battre et qui ne savaient pas

parler abyssin se jetaient à genoux, présentant des deux mains des brindilles d'herbe arrachée. Mais comme il était plus beau de ramener au campement la preuve d'un combat, ils étaient massacrés, malgré leurs lances jetées au loin et leur refus de résister. Quelques tribus vinrent en masse se rendre au Négous, des branches d'arbres à la main, en signe de soumission, amenant leurs bestiaux et leurs chevaux.

De Contala, où nous campions du 1er au 3 décembre, on apercevait le mont Damoté, qui devint le centre des opérations. Deux journées se passèrent à assister, comme à un spectacle, à ces luttes dont les détails ne nous échappaient pas, grâce aux longues-vues et aux lorgnettes braquées partout. Des rassemblements de Oualamos se formaient au loin. Le troisième jour fut employé à préparer la route : le passage était difficile; chacun aidait à frayer le chemin, taillait dans les arbres à coups de hache ou de sabre, comblait un torrent à l'aide de pierres et de branches.

Les 4 et 5, nous marchions en avant, évitant les tranchées et les trous en damier recouverts de branches et d'herbe, accidents de terrain artificiels que les Oualamos avaient créés pour entraver la cavalerie. Nous arrivâmes à une agglomération de huttes

en feu, juste à temps pour voir expirer l'incendie de
la maison du roi, qui s'était enfui, abàndonnant
tout au pillage.

Le 6, nous campions au pied du mont Damoté.
Nous y restâmes quatre jours. Les cris de joie des
vainqueurs et les hurlements aigus des femmes ne
cessaient de se faire entendre. Le 7, mes domestiques étant tous allés combattre, je n'avais qu'un boy
pour m'accompagner à la recherche du Négous,
parti au petit jour. Je me perdis, mais trouvai heu-
reusement, en fouillant l'horizon avec ma lorgnette,
de longues files de soldats rentrant au campement,
ramenant des esclaves et des bestiaux. Je les rejoi-
gnis et marchai avec eux pendant quatre heures, au
milieu des plaintes des prisonnières, des cris de
douleur des blessés, et des vociférations des vainqueurs, poussant devant eux esclaves et bestiaux,
les stimulant de temps à autre à coups de lance
dans le dos.

De retour, je trouvai mes hommes criant et gesticulant, couverts de sang; ils m'avaient rapporté
des esclaves et des bestiaux. Le Négous, ayant
appris qu'ils s'étaient couverts de gloire, m'envoya
le soir un supplément de boisson, qui acheva de les
rendre fous.

III

Le 10 décembre, Ménélik voulant en finir avec
cette guerre de guérillas et frapper un coup déci-
sif, ordonna d'aller de l'avant et de laisser au campement tous les *impedimenta*. Après une marche
de nuit de six heures, effrayante de bousculades en
raison de l'indiscipline des troupes et de l'obscurité, le Négous s'arrêta non loin du lac Abbaï; il fit
dresser une petite tente pour lui. Chacun dut se
contenter d'une pierre comme oreiller et du sol
rocheux comme lit; on ne put même pas faire du
feu pour se réchauffer, afin de ne pas donner l'éveil
aux Oualamos.

Le ras Mikaël marchait parallèlement à l'armée
propre du Négous.

Le ras Oueldgorgius et le roi de Djimma Abba-
Djiffar, devaient prendre l'ennemi de flanc, pendant
que le liké Mekouas Abato, investi par le Négous du
commandement en chef, arriverait d'un autre côté.
Le tout était combiné de telle sorte que les Oualamos, qui s'étaient retirés vers le sud depuis le
commencement de l'invasion, devaient infaillible-
ment être massacrés.

Ce plan réussit à merveille. Le mardi 11 décembre, nous marchâmes toute la journée sans halte, nos mulets faisant continuellement des écarts sur les cadavres récemment tués qui encombraient le pays. Les blessés, affreusement mutilés, étaient piétinés par les cavaliers.

J'assistai, aux côtés du Négous, à une tuerie de Oualamos, blottis derrière les grandes feuilles des plans de cobas. Ils étaient massacrés dès qu'ils faisaient mine de sortir de leur abri pour jeter leur lance. Ils recevaient à bout portant la décharge de fusils Gras ou Remington et étaient immédiatement mutilés et dépouillés. Tout l'entourage du Négous prit part au carnage, et celui qui revint ce jour-là au campement sans avoir tué quelque ennemi dut désespérer d'en tuer jamais. On se serait cru à quelque infernale battue où le gibier était remplacé par des êtres humains. Lutte inégale d'hommes armés et en nombre contre d'autres disséminés et affaiblis par la défaite, qui n'opposaient aux armes à feu de leurs adversaires que des javelots primitifs, incapables même de s'en servir, vingt balles les trouant de part en part dès qu'ils se disposaient à se défendre.

Le lendemain, ce fut la même scène : tuerie de tous côtés. Le soir, les gens du ras Mikaël, qui n'étaient armés que de mousquets de gros calibre, à capsule, ramenèrent au Négous le roi du Oualamo, Tona, blessé grièvement. Il avait au cou une vaste échancrure faite par une de ces armes.

Le Négous le reçut dans sa tente, entouré de toute sa cour. Il reprocha au vaincu de n'avoir voulu plier que terrassé par la force des armes : « C'est la méchanceté de mon cœur qui m'a fait résister à un tel ennemi, répondit-il. Que la mort de tous mes compatriotes retombe sur moi, seul coupable de n'avoir écouté que ma fierté! J'aurais dû me soumettre à toi avant de laisser dévaster mon pays et massacrer mes sujets. »

Nous rentrâmes au campement des jours précédents, et je ne fus pas mécontent de retrouver mes bagages, et surtout ma tente, remplacée depuis quelques nuits par un abri hâtivement fait par mes hommes à l'aide de branches et d'herbe. Mais, une odeur de charnier s'élevant de tous côtés, on dut lever le camp et ne s'arrêter que quelques lieues plus loin.

Le 15, le bruit courut que le Négous, encouragé par ses succès, continuerait l'expédition en combattant les Geumos, dont le pays faisait suite au Oualamo. Mais, le lendemain, le chef de cette tribu vint faire au Négous acte de soumission. Ce jour-là, Ménélik prit directement part au combat et

se couvrit lui-même de gloire en tuant d'un coup
de winchester, à quarante pas, un ennemi dont la

CAMPEMENT DE PRISONNIERS OUALAMOS.

tête dépassait les hautes herbes. Ce fut le signal de
la fin, et le Négous fit un édit pour arrêter la campagne. Le massacre était fini, mais les horreurs du
retour commençaient; il fallait ramener au pays

ces masses d'esclaves, femmes et enfants, qui traînaient péniblement la jambe, fatigués par la marche et par le métier de porteurs que leur faisaient endurer leurs nouveaux maîtres.

Le 17 décembre, nous dûmes encore changer de campement par raison d'hygiène ; les Abyssins avaient rassemblé une telle quantité de bestiaux, qu'ils n'attendaient pas qu'un bœuf fût achevé d'être dévoré pour en tuer un autre. On remplissait des sacs en peaux de *quanta* de bœuf, découpé en lanières et desséché au soleil, qui devait servir de viande de conserve pour le retour.

Les 18 et 19 Sa Majesté, secondée par ses chefs, fit le triage des bestiaux. Elle en prit la moitié pour elle et en laissa l'autre moitié aux soldats ; mais ce bétail ne put être ramené au Choa : une partie mourut ; l'autre, atteinte de maladie, dut être abandonnée pour éviter la contagion. La part de Ménélik fut de 18 000 têtes de vaches ou de bœufs.

Le 20, nous campions sur le versant nord du Damoté, probablement dans un pays habité par des forgerons. Ce mont est en effet formé de terre riche en minerai ; dans les maisons abandonnées qui restaient encore debout on retrouvait des traces de foyer et de pierres servant d'enclume pour mar-

teler le fer. Ma boussole d'ailleurs depuis quelque
temps me donnait des indications fantaisistes, l'ai-
guille aimantée étant rendue folle par le sol ferru-
gineux. J'eus la chance ce jour-là de camper dans
un endroit ravissant, ma tente adossée aux arbres
d'un cimetière oualamo, non loin d'une source que
je trouvai cachée dans des ronces et qui coulait
claire et limpide entre des rochers. Je défendis à
mes hommes de l'indiquer à mes voisins et je fus
pour ainsi dire seul à goûter cette eau exquise, qui
me semblait d'autant meilleure que depuis le départ d'Addis-Ababa je me contentais, faute de
mieux, de l'écœurante boisson que m'envoyait le
Négous ou de l'eau boueuse et trouble que l'on me
rapportait dans des outres puantes.

Du 21 au 28 on reprit la direction du Choa,
faisant de petites étapes pour permettre aux soldats
de saccager le pays, et les laissant faire d'amples
provisions de grain. Pendant une des longues
haltes, le Négous fit construire un jour en quelques
heures une vaste ferme en bois, sur une hauteur
dominant le pays, en signe de prise de possession
du Oualamo.

Les autres jours, pendant les haltes, il fit défiler
devant lui les esclaves capturés par chaque chef.
Ayant choisi les plus vigoureux, dans la proportion

d'un dixième, il les fit marquer d'une croix dans la main avec de l'acide, et les rendit à ceux qui les avaient pris, pour ne pas en être embarrassé durant le voyage. De retour au Choa, il réclama ses esclaves, qu'il avait pour plus de sûreté inscrits sur un grand livre. Lorsque les miens passèrent devant lui, je fis aimablement observer à Sa Majesté qu'elle en avait 1800 pour sa part, et que je n'en avais que 11. C'était bien le moins de me les laisser. « C'est bien, me dit-il en souriant, garde-les. »

J'assistai lors de ce triage à des scènes déchirantes. Des enfants séparés de leur mère, des frères de leurs sœurs, poussaient des cris d'horreur qui réveillaient pour quelques instants leurs faces de brutes.

IV

Le 29, grande revue.

Le Négous était assis dans une tribune en branches élevée à la hâte, sous un dôme de nattes, superbe dans ses habits de cérémonie, le front ceint d'une auréole en crinière de lion. Devant lui défilèrent la cavalerie au galop, les piétons en courant, les généraux à la tête de leurs hordes, dont les gestes et les cris sauvages semblaient pétrifier de stupeur le

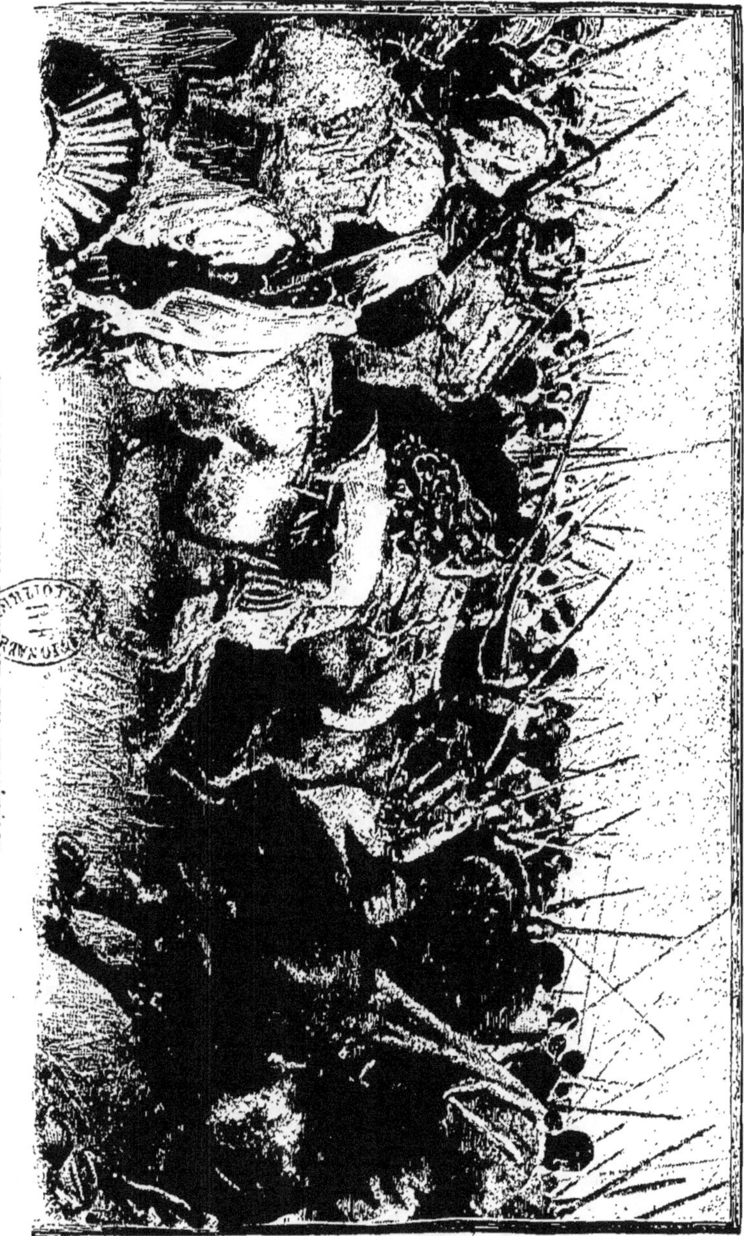

CAVALERIE ABYSSINE DÉFILANT DEVANT MÉNÉLIK.

roi Tona et les chefs du Oualamo couchés au pied de la tribune impériale.

Les 30 et 31, étapes de retour.

Le mardi 1er janvier 1895, le grasmatch Joseph vint me souhaiter la bonne année. Il avait dit au Négous que c'était pour nous le premier jour de l'année nouvelle, que c'était l'habitude en Europe d'échanger des cadeaux. Ménélik m'envoya quelques pots de beurre et de miel et une bouteille d'eau-de-vie de grain qui n'était pas à dédaigner, mes provisions tirant à leur fin.

Le roi Tona, dont la blessure commençait à se cicatriser, grâce à l'iodoforme du Négous, reprenait son aplomb. Il était maintenant richement habillé des défroques impériales et chevauchait sous une ombrelle blanche, entouré de soldats armés de fusils Gras. Cette escorte lui avait été donnée autant pour lui faire honneur que pour le garder à vue.

J'eus occasion de soigner quelques malades, car en ma qualité de blanc j'étais regardé comme plus ou moins capable de guérir les blessures. Les remèdes dont j'avais fait ample provision au départ étaient de l'acide phénique et de l'iodoforme pour les plaies et du laudanum pour la diarrhée. Cette dernière maladie devenait très fréquente et faisait mourir bon nombre d'esclaves. Un jeune homme que j'avais sauvé de la dysenterie m'envoya pour me remercier un petit Oualamo. Mais je le lui renvoyai, ne voulant pas accepter d'honoraires. Ce genre de cadeaux était fort prisé, on échangeait des esclaves entre chefs comme des cartes de visite au jour de l'an.

Les 2, 3 et 4, rien d'anormal, sinon une alerte la nuit, les soldats du ras Mikaël ayant jugé bon de tirer pendant une heure de nombreux coups de fusil pour chasser la fièvre qui commençait à sévir.

Le 5, cette marche lente au milieu de la foule malsaine, commençant à m'énerver, je demandai au Négous un guide pour rentrer plus vite au Choa. Il fit droit à ma requête. Je doublai donc les étapes, admirablement reçu chez les gouverneurs des pays que je traversais, grâce au guide qui me précédait en m'annonçant à eux comme hôte forcé, ordre de l'empereur.

Enfin le 13 j'arrivai à Addis-Ababa avec mes hommes, qui rentraient à ma suite, leurs montures caparaçonnées de toges des Oualamos, hurlant et gesticulant.

Je n'étais pas fâché de revenir de cette expédition vraiment fatigante et écœurante et j'étais très heureux de retrouver à la factorerie les visages blancs

de M. Trouillet et de M. et Mme Stévenin. J'avais
une indigestion de nègres après ces huit longues
semaines au milieu des armées abyssines, sans
nouvelles de l'Europe, et je fus ravi de trouver à
l'agence mon courrier de deux mois.

Le 15, le Négous ayant envoyé au palais un
courrier annoncer qu'il avait pendant une des haltes
tué un éléphant, l'impératrice, en signe de réjouis-
sance, fit tirer le canon. On sut plus tard que dans
le courant de cette chasse deux chefs et une vingtaine de soldats avaient péri.

L'empereur avait calculé son retour de telle sorte
qu'il coïncidât avec le 18 janvier, jour de l'Épi-
phanie, une des plus grandes fêtes annuelles du
Choa. Il fit donc une entrée solennelle, en habits
éclatants, précédé de tout le clergé du pays en costumes multicolores, évêques en tête, portant les
pierres saintes des églises de la capitale et des environs, qui avaient été au-devant de celle emportée
en expédition. Il était entouré de tous ses généraux, resplendissants sous leurs habits de soie à ramages.

L'empereur Ménélik, à l'apogée de sa gloire,
rentra triomphant au palais pendant que de toutes
parts résonnaient pétarades et chants joyeux et que
dans tous les coins d'Addis-Ababa on entendait les

soldats hurlant à tue-tête : « Chantez, vautours! — Vous aurez en pâture — De la chair humaine! »

V

Au commencement de février, on annonçait à quelques jours d'Addis-Ababa la caravane, attendue depuis longtemps, composée de M. et Mme Savouré, de M. Mondon-Vidaillet, publiciste, et MM. Chefneux et Gaiffe, représentant la Société du lac Assal.

M. Mondon est l'auteur anonyme des *Lettres d'Abyssinie* publiées dans le journal *le Temps*. Il a fait une grammaire abyssine considérablement « réduite » du dictionnaire de d'Abbadie.

M. Chefneux est très aimé au Choa, et, ayant toujours fort réussi auprès du Négous au point de vue commercial, il est très écouté au Guébi comme à la côte. Le gouvernement l'a chargé de missions importantes. Ainsi, à la suite de l'envoi de deux lions que le Négous fit remettre par son entremise au président Carnot, il apporta en remerciement au souverain éthiopien la plaque de la Légion d'honneur. Cette cérémonie donna lieu à de grandes fêtes.

M. Chefneux, actuellement directeur de la Société

du lac Assal, venait auprès de Ménélik lui présenter une quarantaine de mille francs en pièces de monnaie à son effigie et négocier la fourniture de 1000 mulets à destination de Madagascar.

M. Gaiffe devait le seconder.

Quant à Mme Savouré, elle ne paraissait pas autrement fatiguée de ce long voyage; d'ailleurs elle avait fait une bonne partie de la route en petite charrette anglaise traînée par un mulet.

Je n'eus pas le temps de connaître beaucoup les nouveaux venus, car peu de temps après leur arrivée je dus regagner la côte; on avait en effet mis sous les yeux du Négous quelques articles que j'avais envoyés en France. Leur traduction, faite pour les besoins de la cause, avait eu le don de monter contre moi Ménélik, pourtant si bien disposé en ma faveur.

Je préparai en hâte mes bagages et partis pour le Harrar.

Je pris congé du Négous. On lui avait parlé seulement de mes articles sans les lui montrer. Il fut plutôt froid, cependant il me donna une lettre pour le ras Makonnen; j'espérais pouvoir rester quelques semaines au Harrar pour prendre des vues de la ville.

Dès le second jour de marche je reçus un courrier exprès d'un bon ami que j'avais laissé à la cour éthiopienne; je ne puis le nommer, mais je tiens à lui adresser ici l'expression de ma reconnaissance. Abyssin, mais Européen de cœur, il a toujours su, dans la mesure de ses moyens, rendre service tant aux Français qu'aux Italiens; il me prévenait que, malgré la lettre du Négous au ras Makonnen, un courrier était parti pour le Harrar, et qu'en cette ville des « surprises désagréables » m'attendaient.

M. Trouillet, qui m'accompagnait, envoyé par l'empereur pour faire sauter à la dynamite quelques rochers qui gênaient le passage des caravanes, m'aida à organiser une « fuite ».

Je le quittai comme si de rien n'était, laissant croire à mes hommes que je me dirigeais vers le Harrar; je m'adjoignis deux guides, parents d'un certain Somali Ali-Farah, chef des caravanes de la Compagnie Franco-Africaine. Il me mit moralement entre leurs mains, et leur dit qu'ils étaient responsables s'il m'arrivait quelque incident fâcheux. Je n'eus qu'à me louer de leurs services.

Arrivé à la bifurcation de la route fréquentée et de celle du désert, je rassemblai mes hommes et, leur promettant doubles appointements, je leur expliquai en abyssin que, porteur d'une lettre im-

portante, je devais arriver à Djibouti en douze jours
sans passer par le Harrar. J'étais en outre chargé
d'un lot d'or pour la Compagnie, ce qui expliquait
l'ordre que je leur donnais de veiller sur moi nuit
et jour.

Mon escorte se composait de douze hommes, les
mêmes qui m'avaient accompagné au Oualamo,
plus un chef-domestique abyssin, Bayenné, très
malin, débrouillard et parlant quelque peu le
dialecte des pays que j'allais traverser. Il avait été
plusieurs fois à la côte par cette voie et m'a été
très utile ; je fus enchanté de l'avoir emmené.

J'avais neuf hommes armés de fusils Gras, deux
portaient ma carabine et mon fusil de chasse, et
mes deux guides avaient des remingtons.

Ma cavalerie se composait de deux mulets de
selle, de six de charge et d'un cheval pour retenir
les mulets près de moi, car ils aiment par-dessus
tout la compagnie des chevaux.

A partir de l'Aouache, je ne dépliai ma tente
qu'aux haltes d'une heure que je faisais l'après-
midi pour manger et laisser reposer mes bêtes.
Quant à moi, je n'avais nulle envie de séjourner dans
ces plaines brûlantes et peu sûres.

Je dormais généralement sur mon lit-pliant à la
belle étoile, tellement il faisait chaud. Une nuit,

m'étant arrêté à cause de l'obscurité très grande, nous fûmes surpris par un orage effrayant qui m'inonda, moi et mes bagages, avant que j'aie pu monter ma tente.

Aux rives de l'Aouache je ne pouvais fermer l'œil, dévoré par les moustiques malgré mes couvertures, j'aimais d'ailleurs mieux marcher la nuit. Il fallait du reste doubler les étapes.

Je vis de loin des autruches et des zèbres, je tuai quelques pintades, une antilope, des *dig–dig*, mais je manquai des... *adals* qui paraissaient vouloir s'approcher de ma petite caravane. Ils rôdaient au nombre de dix, caracolant demi-nus sur leurs chevaux nerveux et agitant leurs lances. J'arrêtai ma troupe et dirigeai sur eux une fusillade qui les fit filer comme un troupeau de gazelles, penchés sur leurs montures pour ne pas présenter à nos balles leurs dos noirs, qui formaient cible sur le sable du désert

Après cet incident, nous marchâmes trente-six heures de suite, ne nous arrêtant que pour manger et faire boire mes mulets, de crainte de les voir revenir, cette fois, en plus grand nombre.

Aux abords des puits je trouvais souvent installée quelque tribu nomade. J'envoyais alors Bayenné en avant afin de reconnaître leurs intentions pacifiques.

Ils me donnaient du lait, du beurre ou un mouton contre quelques coudées de toile que j'avais prise à cette intention, ou contre quelques poignées de tabac arabe.

Ma nourriture se composait de gibier accompagné d'un fort plat de riz. Mon boy me cuisait un gigot de dig-dig, me rôtissait une pintade ou me faisait un pot-au-feu d'outarde, le tout arrosé d'eau saumâtre dans laquelle je jetais quelques gouttes de cognac ou de rhum. J'avais pris de la farine et faisais faire des galettes abyssines. Je me régalai souvent de lait aigre acheté aux pâtres. Mais l'aliment indispensable dans le désert est le café : on en prend quatre ou cinq fois par jour ; il soutient les nerfs et fait supporter la fatigue.

L'alimentation des mulets est un des problèmes de la route, on rencontre très peu d'herbe aux abords des puits et presque pas dans les plaines. Mes animaux maigrissaient à vue d'œil, tant par la fatigue endurée que par la faim.

A partir de l'Aouache la route paraît interminable : des plaines et toujours des plaines en pente douce, coupées de temps à autre de lits de rivières, toujours pareils.

Quelquefois la plaine est parsemée de centaines de monticules hauts de trois mètres, œuvre des fourmis; ils jettent seuls un peu d'ombre, lorsque le soleil est bas à l'horizon.

Des lunettes à verres fumés préservent des conjonctivites. Le vêtement blanc et le casque colonial remplacent les habits de laine et le large chapeau mou que l'on porte au Choa. Par surcroît de précaution, je ne quittais pas mes gants par crainte des coups de soleil.

Voici les étapes de route : Baltchi, Bourkiki, Deditchamalka, traversée du Kassam et de l'Aouache, Sadimalka, Bilen, Garsa, Dankaka, Moulou, Tolo, Gotta, Lalibela, Goungourbilène, Arraoua, Adegalla, Lassarat, Mordali, Dasmane, Adgin, Rahahalé, Beyadé et Djibouti.

Les quatorze jours que je mis à parcourir la zone dangereuse me semblèrent ne devoir jamais finir ! J'avais les nerfs constamment tenus en éveil, j'étais prêt à toute éventualité, mon revolver Lebel toujours à portée de la main.

La nuit je sommeillais, mais me levais toutes les heures pour jeter un coup d'œil sur mes hommes et sur mes bêtes.

Un matin, à Arraoua, à mi-chemin de la côte, fatigué par une longue étape, je ne me réveillai qu'au petit jour et fus étonné de ne plus voir à la corde mes mulets attachés quelques heures auparavant. Mes hommes dormaient profondément, surtout celui dont c'était le tour de garde ! Je les réveillai en toute hâte, déroulant à leur intention un chapelet d'injures abyssines. Tout penauds, ils allèrent à la recherche par groupes de deux, dans différentes directions, mon boy Guézao et Bayenné restant seuls avec moi.

Ils furent absents trois longues heures, pendant lesquelles je me demandais, avec angoisse, comment je continuerais ma route s'ils ne retrouvaient pas mes mulets. Enfin, j'entendis des coups de feu que mes hommes tiraient au loin pour indiquer à ceux partis d'un autre côté que leurs recherches avaient abouti. Les mulets avaient suivi le cheval qui s'était détaché. J'étais sauvé !

Le lendemain soir j'eus une autre aventure.

Je fumais tranquillement une pipe, mon dîner fini, paresseusement étendu sur mon lit de camp, admirant le ciel étoilé, rêvant à la France dont je m'approchais peu à peu, lorsqu'une détonation retentit à mon oreille, et une balle me siffla au visage. Mon boy, en nettoyant auprès de moi mes armes, avait pressé la gâchette de ma carabine-express. La balle à pointe d'acier calibre 16 lui avait traversé les muscles de l'avant-bras, épargnant l'os. Il poussait des cris déchirants. Je le pansai tant bien que mal.

bourrant sa plaie de charpie imbibée d'eau phéniquée. Il ne put continuer la route à pied, pris de fièvre ; je fus obligé de lui céder mon second mulet de selle et de renoncer à ses services culinaires, dont il s'acquittait, ma foi, assez bien. Bayenné le remplaça, ne voulant laisser à aucun autre le soin de préparer mes aliments.

Enfin, le mercredi 20 février, je me trouvai à Beyadé à 10 heures et demie du matin, le nez pour ainsi dire sur le drapeau français qui flotte sur un abri en branches, gardé par deux Sénégalais. J'étais d'autant plus surpris d'être arrivé à cet endroit, que je croyais encore en être éloigné de plusieurs lieues.

On ne peut s'imaginer le serrement de cœur que l'on éprouve à la vue du drapeau tricolore ! La gorge se dessèche, les tempes battent, une sueur froide vous envahit le front, on halette sans pouvoir quitter des yeux ce lambeau d'étoffe.

Aujourd'hui, tranquillement assis à mon bureau, je regrette ces moments d'angoisse exquise, qui effacent bien des heures pénibles.

Je fus d'autant plus heureux d'arriver à Beyadé, que j'y rencontrai M. Monatte, un Français que j'avais connu à Djibouti.

Il campait depuis le matin sous l'abri officiel, se

disposant, par des étapes de nuit, à monter au Harrar une petite caravane.

Il me fit partager son repas, ouvrit à mon intention de succulentes boîtes de conserves et des bouteilles de vin, dont le goût, oublié depuis si longtemps, fut pour moi un véritable régal.

La conversation animée de mon hôte, qui me donnait de fraîches nouvelles de France et de la côte, me charmait à un tel point que j'allais laisser passer l'heure fixée pour mon départ. Bayenné me rappela à la réalité : il fallait arriver à Djibouti, car mes mulets harassés avaient grand besoin de se réconforter d'orge et de dourah.

Le lendemain, j'arrivais à Yabélé, et, le Sénégalais de vigie ayant signalé un Européen venant de la brousse, je fus reçu à la grille du fort par l'adjudant Kerbrat et le garde d'artillerie Faivre.

Une heure après, j'étais attablé au restaurant (?) Dufaut, aux côtés de notre agent M. Samuel, de M. Rigot, de la maison Mesnier, et de M. Pesano, de la maison Tian. J'étais heureux d'être au terme de mon voyage et surtout de me trouver sous la sauvegarde du gouvernement.

Je me rendis de suite chez M. Lagarde. Il me reçut d'une façon charmante, mais m'admonesta pour avoir osé écrire les articles incriminés. Il me félicita d'avoir en si peu de temps fait la route d'Addis-Ababa à Djibouti.

J'avais en effet réussi en quinze jours et demi à dérouler un ruban de désert long d'environ 600 kilomètres.

Je séjournai quelque temps à Djibouti où je trouvai le maréchal-des-logis Chanzy, venu en ces parages pour recruter six cents Somalis qu'il devait emmener à Madagascar comme coolies.

Plus tard, une commission composée des capitaines Gendron et Caillault et de quelques sous-officiers de cavalerie, vint prendre livraison de huit cents mulets d'Abyssinie que notre compagnie et la société du Lac Assal devaient fournir, toujours pour l'expédition de Madagascar.

Enfin, arriva à la côte, retour du Choa, le colonel Léontieff à la tête de la mission russe, que j'avais croisé en route. Je passai trois semaines à Aden et partis le 8 juillet 1895 d'Obock par le Djemnah, des Messageries maritimes.

La traversée de la mer Rouge fut effrayante, mais nous eûmes de Port-Saïd jusqu'à Marseille une mer d'huile qui nous fit oublier la température élevée.

A bord nous avions quelque deux cents rapatriés de la grande île africaine, la plupart grelottant de fièvre, hâves, maigres, terreux, les yeux enfoncés dans l'orbite. C'est miracle qu'on ait pu gagner la France sans avoir à stopper pour jeter à la mer, un boulet aux pieds, un de ces braves qui tombèrent terrassés par la maladie dès leur arrivée sur le sol malgache, théâtre de leur espérance et de leurs rêves héroïques.

HUTTE OUALAMO.

TABLE DES MATIÈRES

32735. — PARIS, IMPRIMERIE LAHURE

9, rue de Fleurus, 9

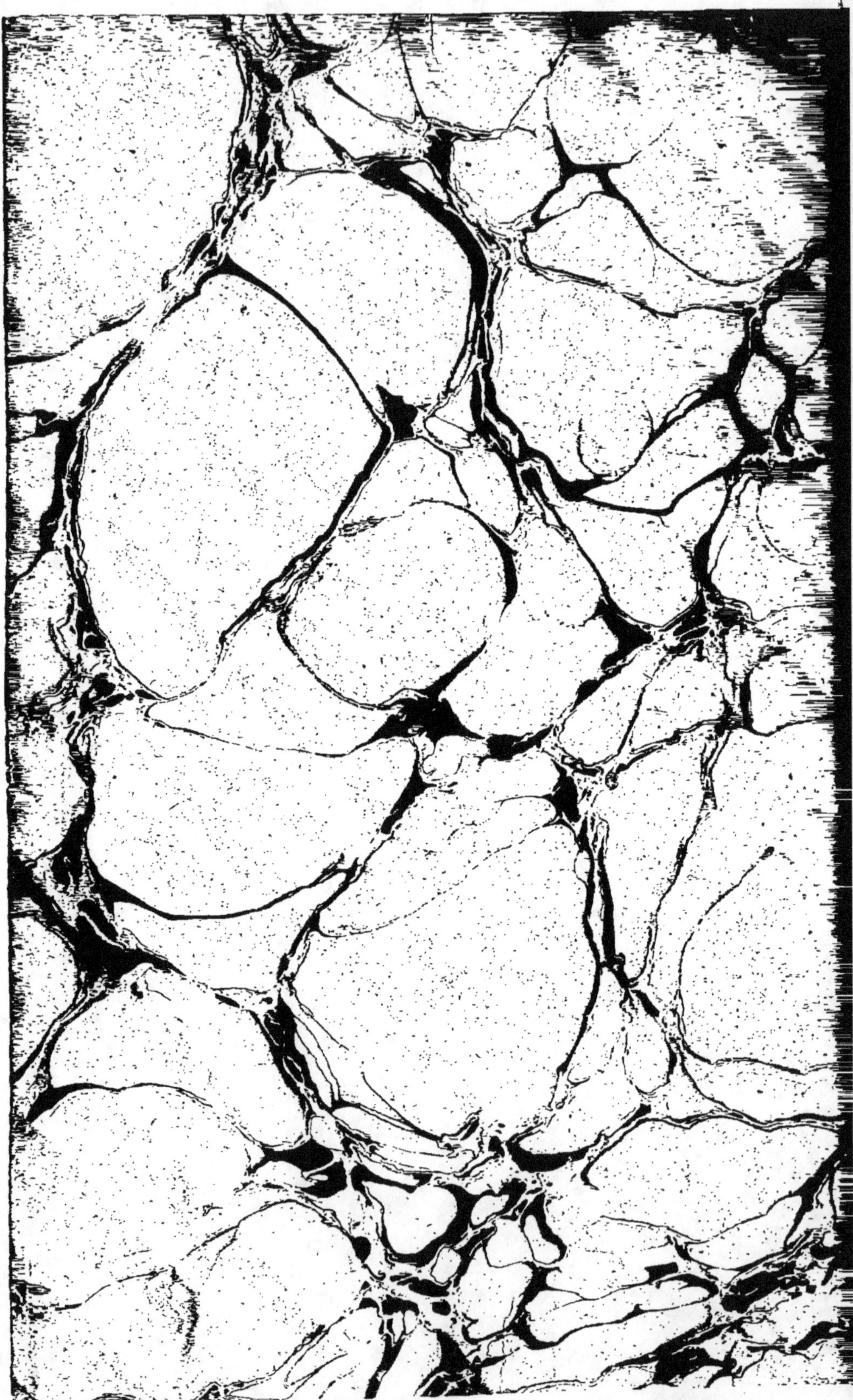

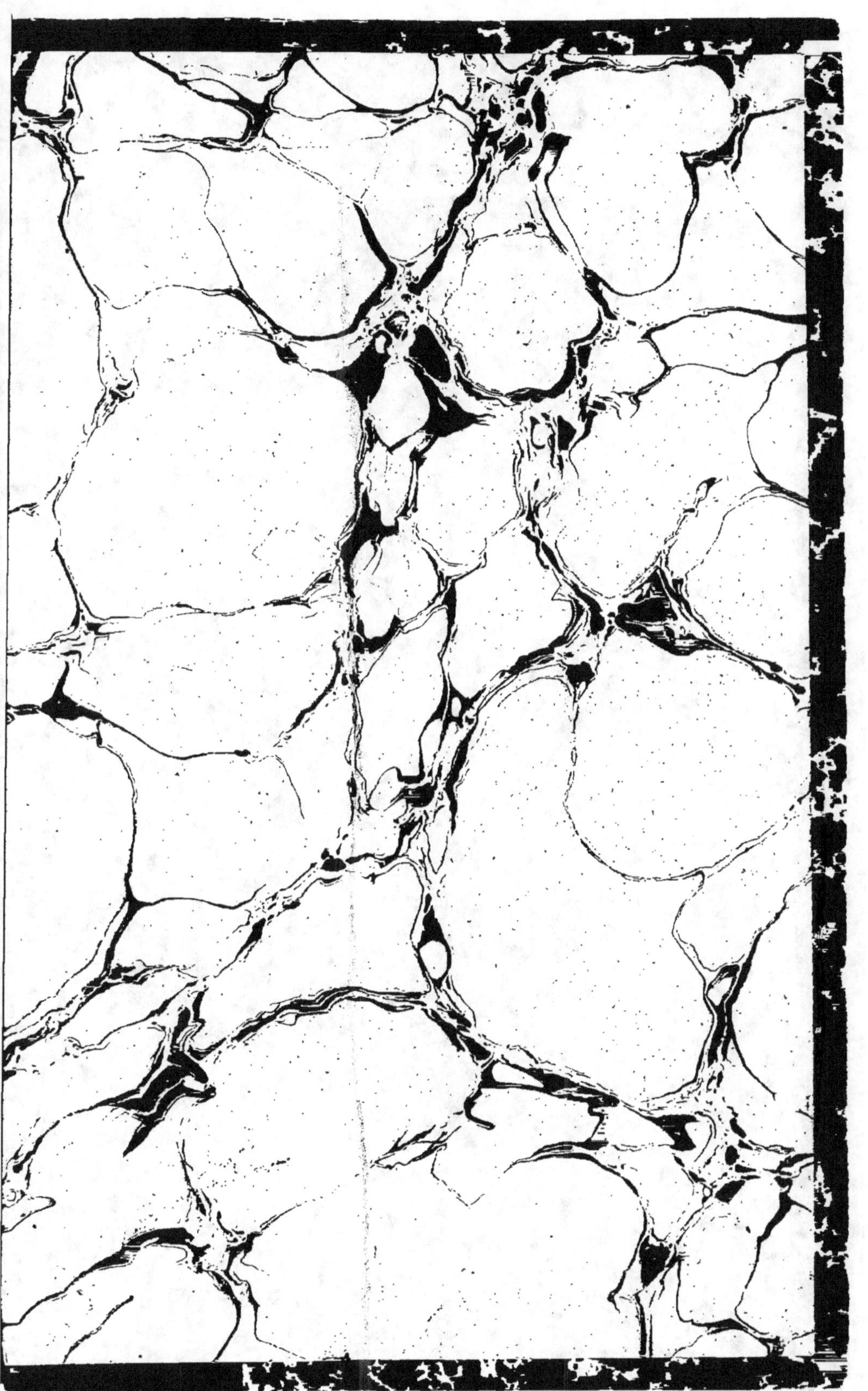